AF497841

APERÇU HISTORIQUE

SUR LES

USINES ALIMENTÉES PAR LA GARONNE

A TOULOUSE

Par M. Edmond de PLANET.

—

TOULOUSE
Imprimerie Louis & Jean-Matthieu DOULADOURE
Rue Saint-Rome, 39

1873

V

APERÇU HISTORIQUE

SUR LES

USINES ALIMENTÉES PAR LA GARONNE

A TOULOUSE

Par M. Edmond de PLANET.

Extrait des Mémoires de l'Académie des Sciences, Inscriptions & Belles-Lettres de Toulouse.

7ᵉ SÉRIE, TOME IV, PAGES 323-371.

I

Dans un précédent mémoire, les usines à moteurs hydrauliques situées sur la Garonne, entre la chaussée du Basacle, et
celles des moulins du Château et Vivent, ont été de ma part
l'objet d'un examen, trop favorablement accueilli par l'Académie,
pour que je ne sois pas encouragé à le continuer.

Cette seconde partie comprendra seulement les usines du
canalet situées en aval du moulin du Basacle, entre ce dernier et
l'embouchure du canal du Midi.

Mais avant d'aborder l'objet principal de ce mémoire, je ne
saurais passer sous silence deux regrettables événements surve-
nus depuis 1863, époque de l'insertion de mon travail dans le
recueil publié par notre Compagnie et qui ont fait disparaître
deux des grands établissements que j'avais fait connaître à
l'Académie.

Le premier de ces établissements dont nous avons à déplorer
la perte, est celui fondé par M. Garrigou, en 1823, pour la fabrication des faux et des limes. M. Léon Talabot, avait continué
l'œuvre entreprise par cet honorable industriel, et l'avait con-
duite jusqu'en 1863, époque de l'expiration du traité intervenu
en 1823 entre M. Garrigou et l'administration du Basacle, traité
qui devait durer quarante années.

Le décès de M. Léon Talabot, homme doué d'une énergie et d'une capacité industrielle hors ligne, survenu peu après l'expiration de ce bail, ne fut pas une des moindres causes de la cessation d'une industrie précieuse exploitée pendant si longtemps à Toulouse et de son transférement au Saut-du-Tarn près d'Albi.

L'usine de M. Talabot, était située sur la rive gauche du *canalet* dont elle occupait une longueur de cent cinquante mètres ; elle fournissait du travail, à plus de deux cents ouvriers, qui, la plupart furent cruellement atteints dans leurs moyens d'existence par la suppression de cette usine.

À l'origine de ce même cours d'eau, et, dans la nuit du 25 au 26 décembre 1870 un immense incendie éclairait la ville et plongeait dans la consternation, non-seulement, ceux que la sinistre lueur avait appelés sur les lieux mais encore la cité toute entière. Ce n'était pas seulement parce que le moulin du Basacle, dont les flammes faisaient en ce moment leur proie était le plus ancien et le plus important établissement de meunerie de nos contrées, mais, parce qu'à ce malheur venait s'ajouter un malheur plus affreux encore ; je veux parler de la perte du père et du fils de M. Sempé, fabricant de papier, et locataire du moulin, qui, tous deux surpris dans leur lit par le feu éclatant soudainement avec une violence inouïe ne purent trouver une issue libre et périrent consumés, là même où s'exerçait leur laborieuse activité industrielle !

Il était dix heures environ, lorsque l'incendie se révéla au dehors, la nuit était obscure, la température glaciale ; le thermomètre marquait 11 degrés 4 dixièmes au-dessous de zéro. L'eau de la Garonne puisée sous une épaisseur de glace de près de dix centimètres, pour alimenter les pompes venues sur les lieux, se congelait dans les seaux et les bâches. Ces fâcheuses circonstances vinrent en aide au fléau. Le désastre fut complet. Le feu après avoir tout détruit dans les étages supérieurs atteignit jusqu'aux vannes et en brûla les parties qui étaient hors de l'eau. Pas une des quarante une paire de meules dont se composait ce moulin ne fut épargnée ; chauffées à blanc, elles éclataient en milliers de morceaux en tombant sur la glace, et produisant à chaque fois des explosions dont le bruit était entendu au loin. Des quantités considérables de blé destinés à être convertis en farine, furent perdues.

Dans la première partie de ce travail j'ai dit ce qu'était le moulin du Basacle. Je dois, pour compléter ce qui concerne cette usine, ajouter ici que son administration travaille activement à la reconstruction des ouvrages détruits et à l'établissement de nouvelles usines. Ces travaux entrepris sur une très-large échelle et également intéressants au point de vue industriel et scientifique, ont révélé ce fait, que la maçonnerie tout entière qui compose le moulin du Basacle ne repose que sur des têtes de pilotis, plantés eux-mêmes dans une profonde excavation formée par la dépression brusque à ce point de la couche *molassique* qui constitue le lit primitif de la Garonne.

La constatation de ce fait a dû obliger à couler dans cette sorte de gouffre, en un point où le besoin s'en faisait sentir, une masse considérable de béton, afin de fonder un solide radier, pouvant servir de point d'appui aux murs neufs destinés à remplir en sous-œuvre le vide de plus de 2 mètres de hauteur laissé entre la maçonnerie du moulin et le radier. Ce travail de consolidation effectué sous l'aile sud du moulin a fait reconnaître que là, contrairement à ce qui existe sur d'autres points, il n'avait pas été jetté de béton pour empâter et relier les pilotis entre eux, car il n'était extrait d'entre ces pilotis et les palplanches, formant *encoffrement*, que de la vase.

Il est difficile de comprendre comment des maçonneries énormes, partant, d'un poids considérable, ne reposant que sur des têtes de pieux, écartés entre eux de près d'un mètre, ne les écrasaient pas ou ne se brisaient pas dans les intervalles. Dans quelques parties cependant, des lézardes s'étaient manifestées; et il était devenu urgent de porter remède à un tel état de choses offrant des dangers sérieux.

Sur d'autres points et principalement sous le mur de façade du côté de la Garonne, les pilotis se trouvent en grande partie reliés et consolidés par des fondations en béton, ainsi qu'on peut donner une idée le dessin ci-joint où j'ai représenté, le second du côté sud des vingt-six orifices de front qui alimente les rouets du Basacle, et dont la construction très-hardie doit remonter au delà de 1709.

Si l'on s'en rapporte, en effet, à deux anciens plans de Toulouse, que je mets également sous les yeux de l'Académie, et qui malheureusement ne portent pas de date; on remarque dans l'un, que le corps de bâtiment principal du moulin du Basacle, est entièrement constitué par des charpentes reposant sur des pilotis plantés dans le lit de la Garonne, et qu'il n'existait en maçonnerie que la tour élevée à la tête du ramier, au point où venait s'appuyer l'ancienne chaussée qui se dirigeait, de là, obliquement, jusques un peu au delà de l'hôpital Saint-Jacques, et, sur la rive droite du canalet, au nord, une autre tour désignée au nᵒ 4, de ce plan, sous le nom de *tour du Basacle*.

Sur l'autre plan, plus complet, le moulin du Basacle, bien que la chaussée oblique y soit encore figurée, est entièrement construit en maçonnerie,

Les fortifications de la ville commencées par les Capitouls vers 1375, et terminées en 1508 seulement, sont représentées sur ce même plan, et se trouvent reliées aux constructions du moulin.

Ainsi qu'on le voit, en effet, ces fortifications commençaient à la rue *Port-Garande* aujourd'hui *port Garaud*; elles entouraient la ville jusqu'à la porte du Basacle qui était située à l'origine du quai Saint-Pierre actuel. Là le rempart se détournait brusquement à angle droit, et se dirigeait vers le point où devaient se croiser plus tard la rue de l'Abreuvoir et la rue des Amidonniers; il remontait ensuite vers le Basacle où il affectait la forme d'une fortification régulière destinée à défendre cet établissement contre toute attaque venant des cotés nord et ouest.

Ce même plan indique que l'eau qui remplissait les fossés pratiqués au pied des remparts, protégeant cette partie de la ville construite sur la rive droite de la Garonne, était prise dans le bassin supérieur de cette rivière au-dessus de la chaussée du moulin du Château et au bas du bastion du port Garaud. Elle suivait comme les fossés, les contours des remparts et

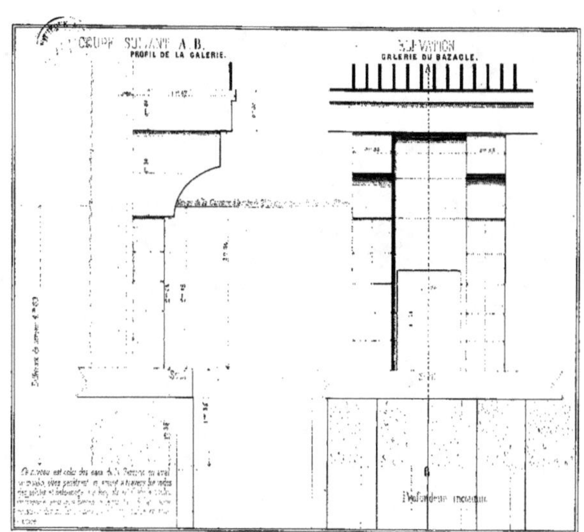

Échelle de 0ᵐ025 par mètre.

FONDATIONS ET ORIFICES DE PRISE D'EAU DU BAZACLE

constatés par Mr de PLANET, le 29 Novembre 1871, la cote à l'échelle de St Pierre, étant 2 mètres 10.

Ce dessin représente le second du côté Sud des 26 Orifices de force qui alimentent les Roues du BAZACLE.

FAC-SIMILE D'UNE VUE PERSPECTIVE DE LA VILLE DE TOULOUSE

remontant à une époque comprise entre 1588 et 1610.

FAC-SIMILE AU QUART DE SA GRANDEUR ORIGINALE,
d'un ancien plan de la ville de Toulouse, datant de 1510 à 1630.

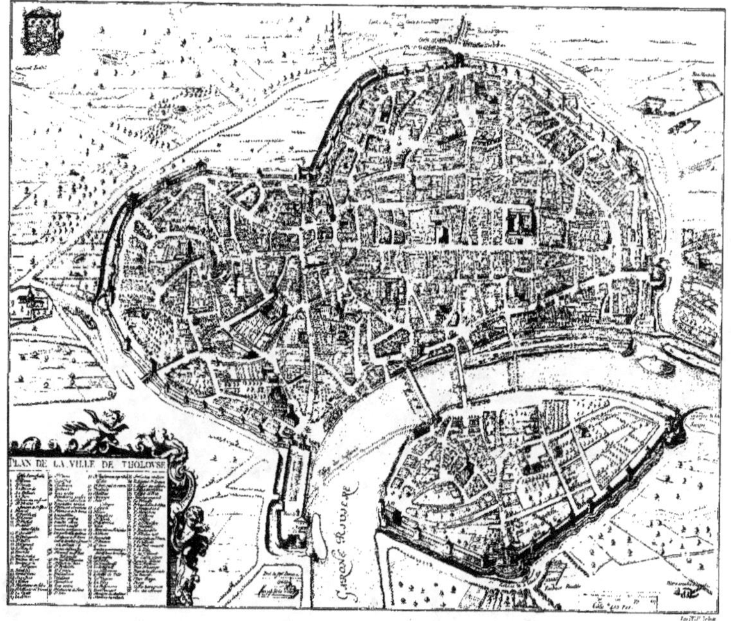
PLAN DE LA VILLE DE THOLOUSE

venait se déverser dans la Garonne en aval du Basacle où elle protégeait la partie de murailles qui n'étaient point baignées par les eaux du fleuve.

Il est donc permis de supposer que la vue perspective ci-jointe de la ville, qui ne représente que des vestiges d'anciennes fortifications détruites, pendant les guerres antérieures, se rapporte à une époque très-peu postérieure à 1579, année où fût construite la sixième pile du Pont-Neuf, pont qui figure sur ce même plan, et que la vue de Toulouse à vol d'oiseau également ci-jointe, qui représente de la manière la plus évidente, les fortifications de la ville avec leurs cinquante tours rondes, et le Pont-Neuf complétement terminés est antérieur à 1709, époque où fut emportée par une grande crue de la Garonne la chaussée oblique du Basacle, car on voit, en effet, cette chaussée figurer encore sur ce plan.

Il faut reconnaître toute fois que la coexistence sur le même plan du moulin en charpente construit en 1190, de la chaussée oblique et du Pont-Neuf, implique nécessairement que ce moulin était dans le même état après l'achèvement du Pont-Neuf, c'est-à-dire postérieurement à 1579, année où fut entreprise la sixième pile de ce pont, et qu'à cette époque, les fortifications de la ville n'étaient pas terminées sur ce point puisqu'on ne les voit pas représentées sur le plan dont il s'agit; ce qui serait en désaccord avec l'opinion admise que ces fortifications auraient été complétement exécutées en l'année 1508.

Quoiqu'il en soit, il est certain aujourd'hui, en s'appuyant sur le plan revêtu des armes de la ville et qui paraît avoir été dressé entre 1610 et 1630, qu'à cette époque le Basacle avait été reconstruit en maçonnerie, que les fortifications de la ville et le Pont-Neuf étaient entièrement terminés, et qu'il n'existait des anciens ouvrages du moulin que la chaussée oblique emportée plus tard par l'inondation de 1709.

La mise à découvert toute récente des fondements de cette usine dont l'existence date de plus de sept siècles a permis de vérifier le fait affirmé par les historiens que les bâtiments qui composent le moulin du Basacle, reposaient entièrement sur des têtes de pilotis, enfoncés, pour la plupart, à une profondeur inconnue , mais qui doit être très-considérable ; elle a permis également de constater que, malgré la solidité de ce genre de construction, il était temps de soutenir l'édifice sur certains points par des ouvrages plus stables et offrant toute sécurité pour l'avenir ; c'est ce qui a été fait au moyen d'un ensemble de travaux concourant tous à la consolidation de cet important établissement.

Un magnifique coursier en maçonnerie de plus de huit mètres trente centimètres de largeur, dont les murs ont une épaisseur de près de trois mètres cinquante centimètres à la base , et un mètre quatre-vingt-cinq centimètres au couronnement , remplace aujourd'hui l'ancien coursier Talabot qui tombait en ruines, et sert non-seulement à conduire les eaux de la Garonne aux nouvelles et importantes usines établies par l'administration du Basacle dans son ramier, mais encore il constitue un puissant contrefort pour l'aile sud de ce moulin et des massifs qui forment la tête de la chaussée sur la rive droite du fleuve.

Les fabriques exploitées dans le ramier par MM. Baqué et Bouillères pour la meunerie et la minoterie, d'une importance de neuf paires de meules ; Jouan et Campionet pour la tréfilerie et la clouterie ; Arnal pour la fabrication mécanique des chapeaux de feutre ; Capoulat et Cᵉ pour les ressorts de voitures et la fabrication des limes ; Chiffre pour le déflechage des vieux tissus de laine , et enfin le bel établissement de M. Sempé pour la fabrication du papier de paille , utilisent les eaux du nouveau coursier et lui empruntent une force de 210 chevaux-vapeur.

Ces créations industrielles sont, hâtons-nous de le reconnaître, une compensation précieuse à la perte de la fabrique de faux et de limes, dont la place est aujourd'hui occupée par ces nouveaux établissements.

Ajoutons que la seconde chute du Basacle, sur laquelle j'avais appelé l'attention de l'académie dans la première partie de ce mémoire et qui était restée pendant si longtemps improductive a été enfin, sur ma proposition et en partie sur mes plans , utilisée par l'administration de ce moulin.

Pour réaliser ce projet, les propriétaires du Basacle ont ouvert dans le Ramier un grand canal de 20 mètres de largeur, dans lequel ont été introduites les eaux du Canalet ne servant pas aux usines inférieures de ce cours d'eau. Dans ce canal, plusieurs grands établissements manufacturiers peuvent s'alimenter d'un volume d'eau moteur assez important, en utilisant une chute de 2^m 16 à 2^m 50, chute qui est à peu près égale à la différence de niveau existant entre les eaux du Canalet et celles de la Garonne, au point où débouchent les canaux de fuite.

Déjà par ce moyen a été concédée à M. Manuel, une force motrice de 90 chevaux, pour mettre en mouvement sa nouvelle filature de coton, et c'est de la même manière qu'une autre force de 120 chevaux est mise à la disposition de MM. Campionnet et Jouan pour fabriquer avec de la vieille ferraille et les rails hors de service, le fer dit de *Riblons*. Fer qui est laminé ensuite et transformé en petit rondin servant de matière première au fil de fer des dimensions les plus réduites, obtenus au moyen de la filière, et à la fabrication sur une très-grande échelle des pointes dites de Paris, de toutes dimensions.

Si j'ajoute, que ces diverses forces motrices sont complétement indépendantes de celles qui sont utilisées sur la rive droite de la Garonne, par la minoterie de six paires de meules, de M. Brouzés ; celle de huit paires de meules de MM. Grèze et Latapie ; la filature de coton de M. Fort ; par la fabrique de quincaillerie de M. Yarz ; la scierie mécanique de M. Querre ; les laminoirs à fer de M. Pellegry, et par le Basacle lui-même pour la mise en jeu de ses quarante paires de meules qu'il est en train de reconstruire, usines qui représentent ou représenteront plus tard ensemble la force de 400 chevaux, on comprendra l'importance actuelle que, grâce à l'emploi de moteurs hydrauliques perfectionnés et à l'utilisation mieux entendue de ses forces motrices, la Compagnie du Basacle a pu atteindre, ou qu'elle réalisera certainement dans l'avenir.

II.

LES USINES DU CANALET.

Dans le voisinage immédiat, de cette colossale puissance dynamique, sont nées les usines du Canalet. On peut dire tout d'abord de ces usines que si elles ont vécu pendant de bien longues années, ce n'a été qu'en recueillant et bien péniblement encore les miettes tombées de la table si largement servie de leur puissant, et parfois de leur terrible voisin. C'est, qu'en effet, les rapports ont été bien loin d'être toujours pacifiques entre ceux qui avaient pour eux la force, l'avantage de la position, le prestige de la haute et antique origine et ceux qui ne demandaient que le droit de vivre en fécondant de leurs efforts le champ du travail industriel.

Pour arriver à une entente cordiale qui a produit les plus heureux fruits, il n'a fallu rien moins que quatre-vingt-quatre ans, d'une lutte dans laquelle, le courage patient, une énergie soutenue, la foi en l'avenir et la force invincible des vérités scientifiques, l'ont enfin emporté.

L'origine du Canalet est assez obscure, ce cours d'eau ne figure sur aucun des anciens plans de la ville, que je soumets à l'Académie ; d'où l'on peut conclure qu'en 1630, il ne recevait pas encore, comme il les a reçues plus tard, les eaux d'une partie des meules du Basacle, et que ce n'est que postérieurement à cette date, que par la construction d'une digue qui reliait la tête du ramier au moulin, l'eau motrice de huit paires de meules, fut, par une large brèche pratiquée dans le mur du rempart construit en travers de son axe, dirigée vers ce cours d'eau, qui primitivement était un bras de la Garonne.

Ce bras était séparé du fleuve par l'île du Ramier qui faisait partie du pré dit de *Sept-Deniers*, où existait à cette époque un hôpital des pestiférés, comme on peut le voir sur l'un des plans joints à ce Mémoire, hôpital enclavé lui-même dans le cimetière qui lui était affecté et où on aboutissait par un chemin longeant le fossé de la ville.

Un fait remarquable et qui démontre l'exactitude de ce plan, c'est la découverte qui a été faite en 1870, précisément vers le même point, en creusant le grand canal d'amenée des nouvelles usines du Basacle, dans le Ramier, d'un vaste ossuaire où se trouvaient entassés près de quarante mille squelettes, d'hommes, de femmes et d'enfants. On ne saurait donc douter que là ne fût le cimetière ou le charnier de cet hôpital, car chez un grand nombre de ces squelettes, des bagues tenaient encore aux phalanges des doigts des mains, des tresses de cheveux étaient encore attachées aux crânes, et une quantité assez considérable de pièces de monnaie portant quelques-unes les millésimes de 1620 et de 1630, se trouvaient mêlées avec les ossements de ces squelettes, entassés sans ordre, dans toutes les positions, circonstances semblant être l'indice d'inhumations précipitées par la crainte de la contagion.

On ne saurait, au reste, s'étonner de voir une aussi grande quantité d'ossements réunis dans ce lieu, quand on sait, que de 1471 à 1662, la lèpre, la peste, les épidémies de toute sorte sévissaient alternativement et toujours avec une déplorable intensité sur la population de Toulouse; que l'épidémie de 1631, réduisit cette population au quart de ce qu'elle était, et que celle qui la suivit en 1653 fut non moins meurtrière (1).

Le lieu était d'ailleurs on ne peut mieux choisi pour loger et pour inhumer après leur mort presque toujours très-prompte les victimes de la contagion; le pré de *Sept-Deniers* et le pré *Carbonel*, où coule aujourd'hui le Canalet, offrait, en effet, une surface déserte d'une grande étendue; où l'on pouvait dans les cas urgents agrandir, sans un plus grand inconvénient pour la salubrité, le champ des sépultures.

D'un autre côté, ces terrains primitivement recouverts par les eaux de la Garonne et abandonnés plus tard par le retrait du fleuve vers le *thalweg* de la vallée, situé sur la rive gauche, n'en étaient pas moins submergés à l'époque des grandes crues, plus fréquentes autrefois que de nos jours, et alors se trouvaient entraînés ou recouverts par le limon les principes pestilentiels que recelait le sol.

C'est là, en un des points de cette vaste alluvion, au-dessous et en dehors de l'enceinte fortifiée de la ville, à 300 pas (mesure d'alors), du Basacle et au bord de la rivière, où l'on pouvait facilement et constamment puiser l'eau nécessaire à l'assainissement des locaux, qu'était solitairement placé l'asile et le cime-

(1) Voir à la fin du Mémoire une note à ce sujet.

tière des malheureux pestiférés, cimetière qui ne comprenait pas moins de 4,000 pas carrés dans son enclave murée.

Quel singulier jeu de la destinée ! Sur le sol même où gisaient les tristes restes des nombreuses victimes de la contagion, devait naître deux siècles plus tard une des premières comme des plus grandes industries de Toulouse.

Et aujourd'hui encore, au-dessus de cette immense tombe, la vie avec son mouvement, son bruit, son activité, et aussi son oubli ou son insouciance des choses du passé ; quel contraste !

Bien que les divers auteurs qui ont écrit sur l'Histoire de Toulouse n'en fassent que peu mention, il est certain cependant qu'à certaines époques, l'introduction de l'industrie dans notre ville fut sérieusement tentée, soit par des étrangers, soit par des hommes de nos contrées qui avaient devancé leur temps ; mais ces efforts furent trop souvent rendus stériles, autant parce que le travail industriel était alors peu considéré, que parce qu'il fut entravé par des mesures restrictives, telles que celle entr'autres qui, en 1545, porta les Capitouls à limiter la longueur et la largeur des étoffes de soie, dont les frères Sartini, de Florence, avaient importé chez nous la fabrication, ce qui les força d'émigrer à Lyon.

Les cinquante ans de troubles qui, pendant la seconde moitié du XVIe siècle agitèrent la population sans cesse excitée par les instigations d'un sombre fanatisme, ne contribuèrent pas peu, non plus à étouffer toute tentative qui eût pu être faite en vue de faire fleurir dans notre cité une des branches les plus importantes de la richesse publique.

Victime des excès de ce fanatisme impitoyable dans les fatales journées de Mai 1562, la maison Bernuis, rivale des premières maisons d'Anvers et de Gand pour la fabrication du pastel (1), fabrication qui avait créé son immense fortune, enrichi Toulouse, et qui s'était développée à un tel point, que chaque mois, 9,000 balles de ce produit sortaient par la porte du Basacle, et allaient à Bordeaux charger des vaisseaux qui les trans-

---

(1) *Isatis Tinctoria. L.* — Plante tinctoriale employée pour la teinture en bleu, avant la découverte de l'Anil ou Indigo.

portaient en Angleterre ou dans les contrées du Nord, cette maison, disons-nous, dût fuir et abandonner la ville pour toujours.

Quel commerce, d'ailleurs, quelle industrie eussent été possibles, quand le pays était infesté de malfaiteurs, après les épouvantables massacres auxquels la plupart d'entr'eux avaient pris part, et quand la vie n'était en sûreté que dans l'enceinte de la ville.

La construction du Pont de Pierre qui, commencée en 1543, sous le règne de François Ier, traversa ces époques troublées et ne fut terminée qu'à la fin du siècle, éprouva le contre-coup des sinistres événements qui se passaient à Toulouse, et languit ainsi pendant plus de cinquante ans.

La peste reparût; la famine fléau non moins redoutable la suivit, et ces calamités qui sévirent sur la population pendant plus de la moitié du dix-septième siècle, paralysèrent de nouveau les efforts qui auraient pu être tentés en vue d'entreprises industrielles dont le succès eut été rendu trop aléatoire par le retour redouté de ces terribles maux.

Quelques années de calme, la disparition sinon complète, du moins très-prochaine de la contagion, firent cependant renaître l'espoir.

Le canal des Deux-Mers commencé en 1667 et livré à la navigation en 1681 ouvrait au commerce une ère nouvelle.

Le génie de Riquet d'abord méconnu finit par réagir sur les esprits, et ses immortels travaux ne contribuèrent pas peu à faire entrevoir la science comme un phare lumineux qui devait éclairer les voies nouvelles dans lesquelles semblait vouloir entrer la civilisation.

Les concessions que le vieux esprit toulousain commençait à faire à des idées plus larges et plus fécondes, se manifestèrent tout d'abord par les encouragements que les capitouls accordèrent aux sciences et aux arts.

La subvention annuelle de mille francs dont ces magistrats dotèrent en 1745 notre Société naissante, la demande qu'ils adressèrent au roi Louis XV de l'érection de cette Société en Académie, demande suivi de l'octroi de lettres patentes du mois de juin 1746 qui donnaient satisfaction à ce vœu, fut une première et éclatante preuve du prix que l'on commençait à attacher aux travaux scientifiques.

Les Etats du Languedoc, de leur côté, avaient compris que l'œuvre de Riquet devait recevoir un complément indispensable : la construction d'un canal qui mettrait en communication facile le bassin supérieur et le bassin inférieur de la Garonne, communication interrompue par la chaussée du Basacle.

C'est dans ce but qu'en 1768, ces mêmes Etats firent commencer le creusement du canal dit de Brienne, qui fut livré à la navigation en 1774.

La vie allait circuler, maintenant, au moyen de cette féconde artère à travers les terrains de Sept-Deniers et de Carbonel jusques-là déserts, dont une partie celle qui bordait le canalet, servait alors de voirie, et qui n'était sillonnée comme une portion l'est malheureusement encore aujourd'hui, que par le fossé découvert dit de *Lascroses*, servant d'égoût, et ne roulant que les eaux infectes des ruisseaux de la ville.

Le canalet, qui, primitivement à cause du peu de profondeur de son lit, ne recevait de la Garonne qu'une faible quantité d'eau et les détritus puants de l'égout de Lascroses venait d'être creusé récemment par les Etats du Languedoc à une profondeur de plus de un mètre dans le tuf (*molasse d'eau douce*) pour y recueillir les eaux vives de l'aqueduc de Saint-Pierre qui s'ouvrait dans la Garonne un peu au-dessous de l'entrée du canal de Brienne.

Suffisamment assaini par les eaux de cet aqueduc dont le débit était de trois mètres cubes par seconde, le canalet, sur une longueur de 1700 mètres du Bazacle à l'Embouchure, avec une pente de 3^{m}60, offrait, dès ce moment, les conditions les plus favorables pour l'établissement de diverses industries, et principalement de celles auxquelles des eaux courantes et une force hydraulique sont indispensables.

Les capitouls alors en exercice eurent le bon esprit de le comprendre.

Afin de favoriser le mouvement industriel qui semblait se prononcer de plus en plus dans la ville, et d'attirer plus surement les capitaux vers les entreprises qui pouvaient fournir un travail continu aux classes ouvrières, les magistrats, alors en exercice, eurent la pensée de concéder gratuitement aux industriels les terrains dont la ville avait la propriété sur la rive droite du canalet.

Cette heureuse pensée qui devait plus tard produire de si grands résultats ne tarda pas à être mise à exécution.

Les concessions de ces terrains, faites dans la forme d'inféodations, commencèrent en 1784, et se continuèrent jusqu'à la révolution de 1789.

Les usines du Canalet devant leur existence à ces inféodations, il peut être intéressant de connaître les termes dans lesquels elles étaient faites et les conditions qui étaient imposées aux industriels.

Voici celle qui concerne un terrain concédé en 1788 :

« L'an mil sept cents quatre vingts huit, et le vingt-unième
» jour du mois de décembre après midy, dans le petit Consistoire
» des Conseils de l'Hôtel-de-Ville de Toulouse; pardevant MM. les
» Capitouls et Commissaires assemblés, en la forme ordinaire,
» a été présent noble Pierre Dupuy, écuyer sindic de la ville,
» lequel audit nom du vouloir et consentement de MM. les Ca-
» pitouls et Commissaires, procédant en exécution de la déli-
» bération du Conseil politique ordinaire du cinq novembre der-
» nier, a baillé et baille à fief et perpétuelle inféodation au sieur
» Louis Lorié, marchand fabriquant, habitant de cette ville, icy
» présent et acceptant, tant pour luy que pour ses successeurs
» ou ayant cause à l'avenir, un terrein appartenant à la ville,
» situé hors les murs de cette ville, le long du canal de fuite du
» moulin du Bazacle et de l'ancien bras de la rivière de Ga-
» ronne faisant partie du pred .Carbonel, encadastré au Capi-
» toulat de St-Pierre, moulon dixième d'hors ville, article pre-
» mier, de contenance de neuf cents cannes quarrées, ou ce qui
» est la même chose sept cents soixante-six toises quarrées, con-
» frontant du levant le terrein cy devant inféodé au sieur La-
» garde pour fabrique d'amidon, du midy déclinant au couchant,
» ledit canal de fuite dudit moulin du Bazacle ou ancien bras de la
» rivière de Garonne, et du septentrion la vue ou chemin qui a

» été réservé par la ville, et qui longe la possession de M. le
» président de Portes, et qui aura quatre cannes de largueur,
» laquelle inféodation est faite aux conditions suivantes : 1° que
» ledit sieur Lorié, bâtira sur ledit terrain un moulin à papier ;
» 2° que cette construction sera faite dans l'espace de deux an-
» nées à compter de ce jour, faute de quoy la présente inféo-
» dation sera nulle, et ledit sieur Lorié décheu de tout droit
» sur ledit terrain, qu'il sera tenu d'abandonner sans pouvoir
» prétendre aucune indemnité, sauf à luy à reprendre ses ma-
» tériaux dans le délay d'un mois ; 3° que ledit terrain ne pourra
» jamais être employé à autre usage qu'à celluy dudit moulin
» à papier et fabriques relatives ; 4° que par ses diverses cons-
» tructions, il ne portera aucun dommage aux propriétaires des
» fonds voisin ; 5° qu'il payera à la ville une redevance an-
» nuelle et perpétuelle d'un denier par canne quarrée, qui forme
» une rente de trois livres quinze sols par année ; 6° qu'il sera
» en outre payé à la ville à chaque mutation par vente ou échange
» un droit de lods, au douzième du prix de la vente ou échange,
» tout dol et fraude cessant ; 7° que ledit sieur Lorié, ses suc-
» cesseurs ou ayant cause, seront tenus de payer la taille
» et autres impositions qui sont départies sur ledit terrein et
» moulin à papier, après trois années complètes et révolues, à
» compter de ce jour ; 8° enfin que ledit sieur Lorié usera
» dudit fief en bon ménager et père de famille, promettant
» de le méliorer et non de le détériorer, de payer exactement
» la taille, imposition et rentes susdites, sous peine de déchéance
» des droits qui lui sont concédés par le présent bail, laquelle
» susdite rente de trois livres quinze sols sera portée et rendue,
» dans l'Hôtel-de-Ville, audit sieur sindic trésorier, fermier ou
» autres ayant cause dudit sieur sindic, à peine de dépens, en
» commençant le premier paiement à pareil jour de l'année pro-
» chaine, et ainsi de suite année par année, promettant ledit
» sieur Lorié, tant pour lui que pour ses successeurs ou
» ayant cause à l'avenir, tenir et garder les conditions cy-des-
» sus énoncées, ne point aliéner le susdit terrein en mains mor-
» tes, porter n'y à personnes privilégiées n'y de droit prohibées,
» n'y y mettre fief sur fief pour faire perdre et diminuer ladite

» rente et les droits de lods et rentes que ledit sieur sindic a ré-
» zervées et rézerve par exprès sur ledit fief , savoir de chaque
» sol un denier et d'impignoration ou engagement demy-denier,
» avec le droit de captes et arrière-captes et autres droits et
» devoirs seigneuriaux , sous lesquelles rézervations ledit sieur
» Lorié a recounu et reconnoît ledit sieur sindic au nom vray
» seigneur directe du dit terrein concédé, duquel ledit sieur sin-
» dic l'a investy et mis en possession par la tradition du pré-
» sent acte pour en jouir ainsi et de même que la ville en a
» joui et dû jouir , sans que ledit sieur Lorié preneur puisse en
» aucun cas exercer aucun recours n'y garantie contre la ville,
» à quoy il a expressément renoncé , ce qui fait une clause ex-
» presse du présent acte, et sans laquelle il ne lui aurait
» pas été consenty. Pour ces dessus observer , les parties ,
» comme chacun les concerne, ont obligé , savoir ledit sieur
» Lorié , preneur , ses biens présents et avenir, et par exprès
» les fiefs qu'il a soumis aux rigueurs de justice , et ledit sieur
» sindic les revenus et patrimoniaux de la ville seulement. Fait
» et récité en présence des sieurs Antoine Abel et François-Ber-
» nard Froidefont , habitants de ladite ville , qui ont signé avec
» toutes parties , et nous Jean-François Virebent , greffier , con-
» trolleur du domaine de l'Hôtel-de-Ville, soussigné. » Signés :
le marquis de Bonfontan , capitoul gentilhomme ; Manent ,
capitoul ; Gounon-Loubens , capitoul ; Fontenille , commissaire ; Dupuy , syndic ; Ducassé , commissaire ; Lorié ,
Lespinasse-de-Saune , commissaire ; Froidefont , Virebent et
Abel.

Contrôllé et insinué à Toulouse le 3 janvier 1789 ; reçu deux
livres cinq sols. Delfau signé.

Comme on le voit, d'après ces actes, les inféodataires n'obte-
naient la concession gratuite des terrains qu'à la condition de
créer sur l'emplacement concédé une industrie déterminée.
Le sieur Lorié dut donc construire une papeterie, ce qui eut
lieu. Mais l'établissement commençait à peine à fonctionner
qu'il fut détruit de fond en comble en 1790 par une forte crue
de la Garonne.

2

Ses moyens ne permettant pas à cet industriel de reconstruire son établissement, il demanda à la ville une somme de 20,000 fr. à titre de secours. Mais la ville était, dans ce moment, elle aussi hors d'état de faire ce sacrifice, elle dut refuser. Toutefois, afin de ne pas entraver l'œuvre qu'elle avait commencée, le sieur Lorié fut relevé de l'obligation qui lui avait été imposée de construire une papeterie, et obtint également la faculté de vendre le terrain inféodé à tout autre fabricant pour y exploiter n'importe qu'elle industrie.

Les dégâts causés par l'inondation ayant été réparés, on vit se fonder successivement sur le canalet de nombreuses amidonneries, des teintureries, des mégisseries, des lavages de laine, des moulins à broyer le vernis, des cartonneries, des filatures de coton, des blanchisseries de tissus, etc., etc.

Mais la prospérité de ces usines étaient trop complète, il fallait que comme tout ce qui naît dans ce monde elles eussent leurs épreuves, elles ne leur firent pas défaut.

A peine ces établissements commençaient-ils à réaliser les espérances de leurs fondateurs que leurs paisibles travaux recevaient le contre-coup de la formidable et mémorable lutte qui s'engagea bientôt entre deux de leurs plus puissants voisins, lutte à laquelle ils furent forcément appelés à prendre part, mais dans laquelle, trop faibles encore, ils devaient si non succomber, du moins cruellement souffrir.

L'un des champions, le sieur Boyer-Fonfrède, de Bordeaux, avait acquis de la ville de Toulouse, le 31 mai 1791, un terrain situé à côté du Basacle (1), terrain sur lequel il avait établi une magnifique filature de Coton et un moulin à farine ;

Le même industriel avait, par un décret du 23 vendémiaire an XIII, obtenu une prise d'eau dans la Garonne.

Un moulin à farine créé à côté du Basacle, une prise d'eau pratiquée au-dessus de ce moulin était des faits trop exhorbitants, et auxquels la compagnie propriétaire de cette usine était trop peu habituée pour qu'elle ne s'en émut pas, et ne s'efforçât pas d'empêcher à tout prix l'entreprise du sieur Fonfrède.

---

(1) Ce terrain est celui qu'occupe aujourd'hui la manufacture des tabacs.

Comme dans toutes les grandes circonstances où les intérêts de cette compagnie lui ont paru courir quelque danger, les archives furent consultées, et l'on y trouva que les pariers du Basacle tenaient leur moulin des bénédictins de la Daurade qui vinrent s'établir à Toulouse dans la seconde moitié du onzième siècle (en 1067); qu'en 1414, ce corps religieux, fort de son pouvoir s'opposa à l'exécution d'un décret rendu par le duc de Berry, le 3 juin de cette même année, et qui permettait aux capitouls de faire construire des bâteaux passagers d'un bord à l'autre, avec condition expresse que les recettes des passages seraient employées à réparer les ponts qui n'étaient pas entièrement hors de service; qu'ils appuyèrent leurs prétentions sur ce que l'empereur Charles-Magne leur avait fait la concession de tous les ponts et passages de la rivière existant depuis la barrière de Muret jusqu'au château Saint-Michel, et sur la jouissance qu'ils en avaient eu sans interruption depuis cette époque; que malgré la vive opposition des capitouls et le défi que ceux-ci leur portèrent de produire des titres justifiant leurs prétentions, les capitouls furent vaincus; car les religieux bénédictins, alors propriétaires du Basacle, obtinrent du roi Charles VII, en 1430, des lettres patentes qui les maintenaient dans la jouissance de la susdite propriété.

De ces importants documents soigneusement conservés dans une caisse de fer, le premier semblait contestable puisque Charles-Magne était mort au commencement du neuvième siècle, et par conséquent cent cinquante ans avant que les bénédictins ne vinssent s'établir à Toulouse. Mais, le titre émané de Charles VII parfaitement authentique, donnait au premier, qu'il existât ou non, toute sa valeur.

La compagnie du Basacle soutenait, d'après ces actes, que puisque tous les ponts et passages de la rivière appartenaient aux bénédictins de la Daurade, ces religieux avait aussi la jouissance des eaux du fleuve, jouissance qui leur avait été concédée avec le droit d'y établir des moulins flottants, et plus tard de barrer le fleuve par une digue; que dès lors, nul n'avait le droit de se servir de ses eaux comme force motrice sans leur autorisation; que les pariers du moulin concessionnaire de tout ce qui constituait la propriété des bénédictins, était par cela même aux droits de leurs auteurs, et que, dès lors, ils étaient fondés à s'opposer à tout usage, qui voudrait être fait de ces eaux, dans ce but.

Comment en présence de tels titres le sieur Boyer-Fonfrède avait-il pu concevoir la pensée de porter atteinte, en quoique ce soit, à de tels, à de si anciens priviléges, et surtout d'amoindrir la force motrice du Basacle pour la faire servir contre ce moulin, en créant des meules à côté des siennes? On ne sait.

Mais Boyer-Fonfrède était un homme hardi, entreprenant, dont l'indomptable volonté ne connaissait aucun obstacle. De leur côté les propriétaires du Basacle n'avaient jamais cédé une parcelle de leurs droits qu'ils avaient conservé intacts pendant des siècles, et dans la plénitude desquels ils commençaient à se sentir sérieusement menacés.

La lutte fut donc ardente, passionnée. Pour Fonfrède c'était une question de vie ou de mort, son insuccès anéantissait toutes ses espérances et sa fortune. La question n'était pas moins grave pour le Basacle, puisqu'il s'agissait de créer un moulin rival à côté du sien propre; ce qui eut pu un jour lui être très-préjudiciable.

Bien que les événements politiques fussent venus bien souvent en aide à Fonfrède pendant la durée des procès sans nombre qu'il eut à soutenir, ce fut seulement, le 19 juin 1813, c'est-à-dire vingt-deux ans après l'acquisition du terrain sur lequel il avait élevé sa filature et son moulin à farine, et neuf ans après le décret de concession d'une prise d'eau dans la Garonne, décret dont le Basacle avait réussi à faire suspendre l'éxécution, que cet industriel, put jouir des avantages qui lui avaient été accordés par le gouvernement.

Mais il était trop tard. La grande mesure douanière qui avait, pendant un certain temps fermé tous nos ports à l'importation étrangère, et leur réouverture subite, autant que les nombreux procès qu'il avait eu à soutenir contre le Basacle et contre les usiniers du Canalet, portèrent à cet intrépide pionnier de l'industrie à Toulouse, un coup funeste, dont il ne se releva pas.

Bien que le Basacle fut très-occupé avec Fonfrède, il ne perdait pas de vue cependant, les usiniers du Canalet, dont l'importance grandissait, et auxquels peut-être il pourrait bien prendre l'envie un jour, d'établir des meules, ce que ses propriétaires ont semblé de tout temps redouter, à l'égal d'un désastre.

Leurs droits de se servir de l'eau du Canalet comme force motrice, leur fut donc contesté, et chose étrange, non-seulement par le Basacle mais encore par Fonfrède. Ce dernier ne voyait pas, en effet, sans un sentiment de jalousie, prospérer la filature de coton que le sieur Plohais, cessionnaire de Lorié, avait établi sur les fondements de la papeterie qui avait été détruite par l'inondation de 1790 ; et, sous le prétexte que le remous causé par la chaussée des usiniers d'aval engorgeait ses roues, il intenta à ces derniers un double procès, l'un devant les tribunaux judiciaires et l'autre devant l'administration, afin d'obtenir que cette chaussée fut supprimée. Le Basacle, de son côté, s'appropriant ce grief, chercha à prouver que puisque la chaussée incriminée nuisait aux roues de Fonfrède, elle devait nuire aussi aux rouets des meules de son moulin. De là une série de longs et ruineux procès que les usiniers du Canalet eurent à soutenir, et qui à certains moments menacèrent sérieusement leur existence. Ce fut surtout quand Boyer-Fonfrède et le Basacle, eurent réussi à faire comprendre à l'Administration que le Canalet devant être considéré comme un cours d'eau torrentiel, dont la destination était de faire *chasse* aux dépôts de gravier ou de sable qui pouvaient se former à l'Embouchure du Canal du Midi, il y avait lieu d'ordonner la destruction de toute chaussée qui intercepterait son cours.

Cette énorme erreur consignée dans certain rapport de l'époque, eut ses désastreuses conséquences : la chaussée qui desservait les usines alors établies sur le Canalet, fut détruite par des ouvriers d'office, et des établissements construits à grands frais, dans lesquels étaient occupés un grand nombre d'ouvriers, furent condamnés au chômage.

Ce fut là l'époque désastreuse de leur histoire.

En vain fut-il prouvé de la manière la plus péremptoire

qu'un galet parti du Basacle, ne pouvait être entraîné par le courant jusqu'à l'Embouchure, et que ce courant était loin d'être assez rapide pour faire chasse aux dépôts qui s'y formait : tout fut inutile. La force eut raison du droit, et le chômage des usines subsista pendant plusieurs années.

Mais les usiniers ne se découragèrent pas, ils accumulèrent preuve sur preuve pour démontrer combien était erronnée la théorie qui avait été inventée par leurs adversaires, pour les anéantir plus sûrement. Leurs efforts furent incessants et inouïs dans ce but, ils eurent un plein succès. La vérité se fit jour enfin. Une décision ministérielle intervenue le 26 janvier 1816, déclarait que l'Administration cessait de regarder le Canalet, comme devant faire chasse au devant de l'Embouchure du Canal du Midi, et qu'elle l'abandonnait entièrement aux riverains, sous les conditions de droit. Il y était dit également que le barrage qui avait été détruit par l'Administration serait reconstruit et remis dans l'état primitif.

Dès ce moment, les ouvriers réduits presque tous à la misère, par le long chômage des usines, rentrèrent joyeux dans les ateliers, où ils devaient désormais trouver le bien-être avec le travail.

L'Administration qui, un instant avait prêté son appui à des prétentions injustes, devint la protectrice de ces usines. Elle provoqua la création de nouveaux établissements par la proposition qu'elle fit de mesures qui devaient donner satisfaction à tous les intérêts.

C'est ainsi que comme moyen de mettre à l'abri du remous causé par la chaussée qui avait été rétablie, les roues de la Manufacture des tabacs, elle indiqua la construction d'un tunnel par lequel les eaux de ces roues s'écouleraient dans le grand lit de la Garonne, en passant sous celles du Canalet.

L'autorité administrative s'était également attachée à sauvegarder les intérêts du Basacle en les conciliant avec ceux des autres usiniers ; aussi, eut-elle la satisfaction de voir ce qui ne s'était jamais vu, c'est-à-dire une adhésion pleine et entière donnée à ses projets par M. Pagès, homme intelligent, qu'animait un grand esprit de progrès et de conciliation, et qui était alors le syndic de ce moulin.

L'arrêté du 11 octobre 1826, approuvé par une décision ministérielle du 24 octobre suivant, et qui sanctionnait légalement les concessions que s'étaient réciproquement faites les parties, considérait « que le projet qui contenait les propositions de l'Administration pour isoler la roue de la Manufacture des tabacs, et pour construire un épanchoir au-dessous du moulin, afin de faire écouler dans la Garonne les eaux surabondantes qui eussent pu engorger les meules de cette usine ; que ce projet avait essentiellement pour objet d'assurer aux propriétaires des usines établies sur le Canalet ou qui pourraient y être établies à l'avenir, la libre et paisible jouissance des eaux de ce canal, de satisfaire ainsi à tous les intérêts, et d'encourager les efforts de l'industrie. »

C'était, on le voit, un traité de paix sous forme de loi dont l'Administration posait elle-même les conditions, et qui exécuté par toutes les parties, leur eût épargné bien des pertes et bien des ennuis.

Malheureusement, il n'en fut pas ainsi.

En ce qui les concernait, la Manufacture des tabacs, et les usiniers d'aval, remplirent exactement les obligations qui leur avaient été imposées.

Il en fut autrement de la part du Basacle. M. Pagès était mort. Les engagements qu'il avait contractés au nom de la Compagnie qu'il représentait, furent méconnus par le nouveau syndic, et dès lors recommença cette lutte énervante qui, dans les contestations relatives aux cours d'eaux est presque toujours interminable, et dans laquelle s'épuisent vainqueurs et vaincus.

III.

C'est sur la foi des avantages attachés à la solennelle transaction de 1826, que nous avions pris l'usine primitivement inféodée à Lorié ; notre déception fut grande, quand les faits nous révélèrent qu'ils étaient contestés.

Plaider, guerroyer, au lieu de travailler, est une triste perspective pour ceux qui aiment la concorde.

Il fallut forcément accepter la situation. Investi dès le début de la confiance de mes cointéressés pour la défense de nos droits dans la lutte qui s'était de nouveau engagée avec le Basacle, lutte dont toutes les péripéties ont été consignées dans des brochures imprimées et livrées à la publicité, je dois m'abstenir d'en parler ici.

Mais je ne saurais omettre de dire que, grâces au bon esprit qui anime aujourd'hui les membres composant la Compagnie du Basacle et à l'intelligence dont ils ont fait preuve en adoptant le projet que je leur proposai le 19 mars 1866, et qui avait pour objet l'utilisation d'une force de plus de 200 chevaux-vapeur qui s'écoulait improductive du Canalet dans la Garonne, toute cause de mésintelligence a disparu ; car par l'adoption et par l'exécution de ce projet, les intérêts du Basacle et des usiniers inférieurs sont devenus communs. C'était là l'unique objet de mes vœux, le but fécond que je me proposais dans l'intérêt de l'industrie de notre ville, intérêt qu'avec l'aide de mes cointéressés j'ai poursuivi sans relâche, mais qui n'a été atteint qu'au bout de quarante ans.

Les usines existant actuellement sur le Canalet sont au nombre de six.

La première, en commençant par l'amont, appartient aujourd'hui à M. Fort jeune, qui y exploite une filature de coton, et plus haut un moulinage de ce même fil au moyen d'une force louée au Basacle, et qui est transmise à l'usine au moyen d'un câble de fil d'acier. Cette usine possède une roue hydraulique dont la puissance dynamique est représentée par une dépense de 4,358 litres d'eau environ par seconde, sous une chute minimum de un mètre.

La seconde usine est la propriété de M. Durussel, qui y exerce l'industrie du sciage des bois, au moyen de plusieurs scies mécaniques. La roue hydraulique de cet industriel emploi 680 litres d'eau par seconde avec la même chute.

Les deux usines de MM. Fort et Durussel n'en formaient autrefois qu'une seule qui appartenait au sieur Bouthou, fabricant de carton, auquel avait été inféodé en 1784 le terrain sur lequel était bâtie sa fabrique.

Précédemment, indépendamment de la cartonnerie, l'usine avait encore une filature de coton exploitée par MM. Simon-Dallas, et plus tard, une fabrique d'huile de graines, possédée par M. Fénié. La fabrique de M. Bouthou fut incendiée en 1830.

La troisième usine est possédée par M. Manuel qui y a établi depuis 1834 une filature de coton, en même temps qu'il y exploitait une teinture sur coton en rouge d'Andrinople, dont il avait importés de Smyrne les procédés de fabrication.

L'établissement de M. Manuel est desservi par une roue hydraulique, dont la dépense est de 1,500 litres par seconde, sous une chute minimum de un mètre. Cette usine a été bâtie sur le terrain inféodé au sieur Lagarde, en 1786.

La quatrième usine est celle qui a été bâtie par le sieur Plohais, sur le terrain inféodé par la ville au sieur Lorié, en 1788, et dont nous sommes devenu propriétaire en 1833. Le moteur de cette usine se compose de deux roues hydrauliques, dépensant ensemble 2,400 litres d'eau par seconde, sous une chute égale à celle de M. Manuel. L'une de ces roues, dont la dépense est de 1,300 litres, met en mouvement les ateliers de M. Cardailhac, que nous avons fait construire en 1837, sur les terrains dépendants de la rive droite de la rue des Amidonniers; l'industrie exploitée dans ces ateliers est celle de la construction des machines de toute sorte, y compris les machines à vapeur et de la fonderie, le tout sur une très-grande échelle.

La seconde roue, dont la dépense est de 1,100 litres par seconde, est utilisée par M. François Laporte, neveu et successeur de M. Durand, pour la fabrication de tous les produits de gluten et spécialement pour celle qui lui a valu personnellement l'obtention d'un brevet d'invention, et a ouvert à ses produits les portes de l'exportation. La fabrication obligée qui accompagne celle du gluten, est la fabrication de l'amidon; elle est très-considérable dans l'usine de M. Laporte.

Cette même roue est encore employée par nous pour la construction des machines agricoles.

Antérieurement à l'existence des industries que possède actuellement cette usines, y ont été exploité successivement la filature du coton, la fabrication du bleu de Pastel dans des locaux qui avaient pris le nom d'Indigoterie impériale, pendant la durée du système continental, et qui étaient dirigée par M. de Puymaurin, devenu plus tard directeur de la monnaie des médailles à Paris. Il y a encore été exploité l'industrie du blanchiment des toiles au moyen du chlore, le tissage mécanique des toiles, la fabrication des canons de fusil de chasse, la fonderie, la teinture des fils de coton, le moulinage des soies, la confection des objets de bois faits au tour, employés dans l'ameublement, et enfin, une trituration des bois de teinture.

La filature de coton, une des plus considérables du Midi, pourvue d'excellentes machines dont nous-même avions été chercher les modèles dans les meilleures filatures de Manchester, de Glasgow et de Stockport fut, après une existence de soixante ans et après avoir été l'objet de sacrifices considérables pour son amélioration, incendiée en 1854.

La cinquième usine est celle appartenant aujourd'hui à M. Marcon. Elle possède deux roues hydrauliques, dont une est utilisée par le propriétaire pour la fabrication du vermicelle et de l'amidon, la seconde dessert l'atelier de M. Chabod, qui y exploite une tréfilerie importante.

Cette usine appartenait primitivement à MM. Fouque et Arnoux, acquéreurs du terrain inféodé au sieur Lozes. Cette maison avait construit sur ce terrain un vaste établissement ainsi qu'une chaussée qui fut autorisée par une ordonnance royale de l'année 1822. Chaussée qui procurait à cette usine la force dont elle avait besoin pour mettre en jeu des moulins à broyer les vernis, lesquels étaient employés pour la *couverte* de la porcelaine. Mais cette opération ayant pu être faite plus tard dans le vaste établissement que ces industriels avaient formé à Valentine près de Saint-Gaudens, l'usine de Toulouse reçut une autre destination. MM. Délibes et Decamps, Peyrolle, l'Anglais Sanderson y exploitèrent la filature de coton, dont l'une, la première fut incendiée en 1844.

La fabrication de l'asphalte provenant d'un calcaire bitumineux des Pyrénées, y fut aussi pendant assez longtemps tresactive. Une cartonnerie y fut établie ensuite par M. Secard, de Marseille. M. Cier, gendre de M. Rochefort, y installa postérieurement une machine à fabriquer le papier : enfin en dernier lieu M. Durand à l'initiative, et aux efforts persévérants duquel est due l'utilisation du gluten extrait des farines de blé dans la fabrication de l'amidon, par des procédés salubres, y avait établi ses appareils d'extraction et ceux qu'exigeaint les diverses manipulations que nécessitaient ces deux produits, à la préparation desquels venait s'ajouter la fabrication du chocolat au gluten, non moins utile aux diabétiques, que les autres produits préparés au gluten.

Les deux roues hydrauliques que possède actuellement M. Marcon, emploient une partie seulement des 6,000 litres par seconde qui leur sont attribuées dans le partage général des eaux du Canalet. Ce volume d'eau peut être utilisée par l'usine sous une chute de 0^m80, ce qui est l'équivalent de 4,800 litres avec une chute de un mètre. Le surplus de la force non employée par M. Marcon, vient d'être louée à Mme veuve Cornebois, pour servir à la fabrication des ressorts de voiture au moyen d'une turbine.

La sixième usine fut fondée par M. Billas, minotier, en vertu d'une ordonnance royale de l'année 1828 laquelle l'autorisait à construire une chaussée en travers du canal et pour le service de son établissement.

Cette usine appartient aujourd'hui à M. Mailhol fils. Sa cartonnerie très-importante est la seule qui ait survécu à toutes celles qui avaient été établies à Toulouse. Indépendamment de cette industrie, M. Mailhol exploite en grand le sciage des bois, au moyen de nombreuses scies mécaniques les unes à mouvement alternatif, les autres à mouvement circulaire.

La force de cette usine est représentée par une dépense de 6,000 litres, et une hauteur de chute de 0^m70 à 0^m75. Sa destination primitive fut pour une minoterie qui ne fonctionna que peu de temps.

La force totale minimum fournie par le Canalet aux usines dont je viens de faire l'énumération est de 130 chevaux vapeur environ se répartissant de la manière suivante :

Premier Barrage.

	DÉPENSE litres.	CHUTE mètres.	FORCE chevaux
MM. Fort............ ...	1,358	1	13
Durussel......	680	1	6
Manuel......... ...	1,500	1	14
Edmond de Planet.	2,400	1	23
Total........			56

Deuxième Barrage.

M. Marcou	6,000	0ᵐ80	38

Troisième Barrage.

M. Mailhol fils.......	6,000	0ᵐ75	36
Total général.....			130

Telles sont aujourd'hui les usines, du Canalet proprement dit, qui occupent ensemble plus de cinq cents ouvriers. Ce qu'elles auraient pu être on peut le pressentir, si, souvent, la force motrice ne leur avait pas fait défaut par suite des faits que nous avons relatés.

IV.

Pour la plupart des usines du Canalet, le choix du moteur n'a pas été toujours facultatif. En 1837 ce choix fut rendu obligatoire par suite de circonstances qui intéressent trop les propriétaires de cours d'eau pour que nous les passions sous silence.

Dès notre entrée en jouissance de la quatrième usine qui puisait ses eaux motrices dans un bassin commun aux établissements appartenant aujourd'hui à MM. Fort, Durussel, Manuel, nous trouvâmes le régime du Canalet dans l'état le plus déplorable qui se puisse voir. Le niveau des eaux dans le biez commun était, d'abord, on ne peut plus variable et oscillait conti-

nuellement entre des limites dont celle *minima* était la plus
fréquente. Il n'en pouvait être autrement.

En effet, indépendamment de ce que la hauteur des eaux pro-
visoirement fixée par une décision ministérielle du 7 octobre
1826, rendue en exécution d'un décret du 19 juin 1813, sta-
tuant sur les contestations qui existaient à cette époque entre
les divers usiniers du Canalet, était l'objet d'incessantes réclama-
tions de la part des propriétaires du Basacle; la situation des
usines placées en aval se trouvait encore aggravée par cette
circonstance, que ce moulin avait supprimé ses vannes de dé-
charge. Il en résultait, que lorsque le Basacle arrêtait ses
meules, une dépression considérable se produisait dans le
niveau du biez, et le volume d'eau nécessaire aux usines inférieures, était réduit à des proportions tellement exiguës qu'elles
ne pouvaient plus fonctionner utilement.

Il existait bien à cinquante mètres en aval du moulin un déversoir de dix mètres de largeur que nous avions le droit de
barrer au moyen de poutrelles afin de rétablir le niveau provi-
soirement réglé par l'administration; mais les difficultés et les
dangers d'une telle manœuvre, qu'il fallait exécuter autant de
fois que le chômage des meules se produisait, rendaient très-péni-
ble la position des fabriques, dont le travail, qui pour être
rémunérateur doit être continu, se trouvait subordonné à des
opérations de mouture très-variables sous le rapport de la durée
et de l'importance.

Les pertes subies dans la journée, on cherchait à les réparer
par le travail de nuit, quoique toujours très-coûteux à cause de
l'éclairage et du double personnel qu'il nécessite; mais alors, il
fallait, à l'aide d'un bateau, et souvent par les nuits les plus
noires, les temps les plus affreux, transporter des poutrelles
jusqu'au déversoir situé à cinq cents mètres en amont de nos
usines, en luttant contre un courant rapide, et les placer en
travers de cette sorte de gouffre, pour retenir les eaux de l'aqué-
duc de Saint-Pierre, qui à raison de ce qu'elles se versaient
sur un point culminant, remontaient vers le Basacle et allaient
par cette ouverture s'écouler en pure perte dans le grand lit de
la Garonne.

Cette opération que nous étions obligé de diriger en personne afin de veiller sur la vie des ouvriers qui l'accomplissaient avec nous, ne s'exécutait qu'avec des efforts inouïs, et des dangers, dont le plus redoutable était de se voir précipiter, hommes, barques et poutrelles dans le torrent, ainsi que cela nous arriva deux fois au grand péril de notre vie à tous, qui avions le soin cependant, de nous choisir parmi les meilleurs nageurs.

Telle fut notre première et rude tâche ! Mais que ne tente-t-on pas quand on poursuit un noble but, quand on est animé de la foi en l'avenir, quand on songe que l'on a charge d'existences, et que des centaines de personnes attendent anxieuses le pain du lendemain !

En aval, les choses n'allaient pas mieux : cette eau si péniblement recueillie, devenait une cause de discorde par suite de son indivision, et par l'absence de tout réglement entre les trois usines qui s'alimentaient dans un biez commun, et celles qui utilisaient ces mêmes eaux au-dessous d'elles. Chacun croyant augmenter sa force motrice ouvrait démesurément les vannes de ses roues. Il en résultait que la charge au-dessus des seuils n'existait plus, et que le mouvement n'était imprimé aux récepteurs que par le courant. Un tel emploi de l'eau, improductif d'un effet dynamique suffisant, avait pour résultat final le chômage à peu près complet des usines. Alors, on s'accusait réciproquement du fait ruineux qui se produisait, on se renvoyait l'accusation d'outre-passer les droits concédés, mais qui étaient si mal définis qu'il était impossible de les déterminer.

Au-dessous du biez indivis, les repères qui fixaient les niveaux réglementaires placés par les ingénieurs avaient pu, pour la plupart, être enlevés sans laisser de trace. L'usine inférieure pouvait ainsi paralyser l'usine supérieure, en vue de s'attribuer une plus forte chute, sans que celle-ci pût s'appuyer sur aucune base certaine pour faire respecter ses droits. Usant de représailles, l'usine supérieure, à son tour, retenait les eaux sans lesquelles l'usine inférieure ne pouvait fonctionner. En un mot, c'était l'anarchie la plus complète qui régnait sur le Canalet, et cet intéressant cours d'eau devenait le théâtre de scènes et parfois de rixes de la plus déplorable gravité, car rien n'est comparable à l'animosité qui règne parmi les usiniers d'un même cours d'eau, quand leurs intérêts sont en lutte. Les ouvriers surtout dont le salaire quotidien se trouve réduit ou supprimé pour cause de chômage, arrivent à un tel degré d'exaspération, qu'on ne saurait trop s'attacher à faire cesser au plutôt un tel état de choses.

Fallait-il de nouveau recourir aux tribunaux?

Mais, c'était la ruine en perspective; car les préoccupations de tout genre de l'industriel sont telles, quelles exigent qu'il consacre tout son temps au travail qu'il dirige; or, rien ne l'en détourne plus désastreusement que les procès, les procès de cours d'eau surtout dans lesquels les questions techniques et scientifiques et celles d'intérêt public, se mêlent presque toujours aussi étroitement au droit de propriété que sont faciles les conflits entre les juridictions administrative et judiciaire.

Si, en effet, les lois sur la matière, attribuent exclusivement à l'autorité administrative, le règlement des cours d'eau, lorsque les conséquences de ce règlement peuvent atteindre l'intérêt de la généralité des riverains, il n'en est pas moins vrai qu'il appartient aussi à l'autorité judiciaire de statuer sur les contestations qui s'élèvent entre particuliers, et dans un intérêt privé à l'occasion du mode de jouissance de ces mêmes cours d'eau et des entreprises qui peuvent y être faites. Dans ces sortes de litiges les questions de compétence sont aussi fréquentes que le sont les conflits d'attribution. De là des lenteurs interminables, des frais énormes, des pertes certaines, et toujours des ennuis, des chagrins qui troublent tout repos et usent la vie bien plus que ne le feraient les plus rudes travaux.

Nous n'en avions fait et n'en faisions que trop la triste expérience à l'occasion de nos difficultés toujours pendantes avec le moulin du Bazacle, à la solution pacifique desquelles pourtant nous consacrions tous nos efforts; mais bien que notre espoir fut grand de les voir couronnés de succès, et de pouvoir jouir enfin des bienfaits d'une cordiale et générale entente entre tous les usiniers, nous n'en étions pas moins obligés à mettre en continuelle pratique vis-à-vis de nos puissants adversaires, cet adage souvent si juste : *Si vis pacem para bellum;* et pour cela le moyen le plus efficace pour réussir, c'était de faire régner parmi nous une parfaite union.

Après avoir donc, en vue de cette concorde si désirable, mûrement étudié la situation, il nous fut démontré, et nous réussîmes à faire comprendre à nos cointéressés que les roues hydrauliques qui mettaient en jeu nos établissements, et qui avaient été construites contre toutes les règles de l'hydrodynamique et de la cynématique, sciences, alors peu vulgarisées, absorbaient en pure perte une notable portion de la force motrice disponible ; que ces roues, en effet, dont la plupart avaient plus de sept mètres de diamètre pour une chute de 1 mètre à 1^m20 seulement, et devant marcher par conséquent avec une lenteur relative, exigeaient pour mouvoir des machines à grandes vitesses, l'emploi de plusieurs équipages, de lourds engrenages, d'arbres de couches et de poulies non moins pesants, partant, plus coûteux, et exigeant déjà une force motrice considérable pour leur seule mise en mouvement à vide ; qu'en augmentant le nombre de tours de la roue hydraulique, par la diminution de son diamètre, qui serait déterminé dans une limite tirée de la *vitesse moyenne* de l'eau due à la chute, on arriverait à diminuer d'une manière très-avantageuse le poids du récepteur, des arbres de transmission, et des accessoires ; que ces roues étaient d'ailleurs d'un système vicieux, par suite de l'absence d'un coursier circulaire, l'emboîtant sur une partie de sa circonférence ; que l'eau en glissant sur un coursier rectiligne, n'agissait sur les palettes que par le choc, action destructive d'une partie de la *force vive* et qu'elle quittait ces dernières toujours plus ou mois ébranlées par la percussion du fluide, avec une vitesse qui emportait, improductive, une portion de la force motrice telle, qu'en y ajoutant les autres causes d'amoindrissement de l'effet utile, ce dernier se trouvait réduit à 20 ou 25 p. cent tout au plus de la puissance absolue du moteur ; qu'en adoptant, au contraire un système de récepteur bien entendu et établi autant que possible d'après les principes de la science, on pourrait facilement obtenir au moins les soixante centièmes de la force absolue de ce même moteur.

Je fis observer, toute fois, qu'avant de déterminer définitivement, le choix qui devrait être fait du système de récepteur convenant le mieux, il était nécessaire de connaître exacte-ment le volume d'eau qui , dans les conditions de profondeur et de largeur où se trouvait le Canalet, pouvait venir du Basacle sans dépression trop sensible près des usines, du niveau qui constituait leur chute ; que pour cela il fallait d'abord se livrer à des expériences de jaugeage plusieurs fois répétées, et à une observation attentive du régime que nos pénibles efforts de nuit et de jour pourraient parvenir à maintenir à l'abri de toute réclamation non fondée ; que le volume d'eau qui serait reconnu pouvoir être partagé, étant déterminé, une part en serait attribuée à chacun des usiniers proportionnellement à l'étendue des droits qu'il pouvait tirer de l'ancienneté de sa possession, ou de circonstances particulières, qui exigeaient qu'on les admit comme base d'une transaction amiable ;

Que pour garantir plus sûrement à chaque usinier la part qui lui aurait été attribuée sur le volume d'eau disponible, et aussi éviter qu'il pût même involontairement l'augmenter, les orifices de prise d'eau des roues seraient établis en déversoir ; que leur largeur seraient relative à une hauteur de seuil qu'indiquerait la nécessité de se conformer si non aux principes les plus ri-goureux de l'hydrodynamique, du moins de s'en rapprocher le plus possible, et qu'enfin la hauteur minimum de ce seuil ayant été définitivement déterminée et rapportée à des repères fixes elle serait égale pour tous et ne saurait jamais être diminuée sans le consentement de toutes les parties.

V.

Ayant été assez heureux pour voir ces propositions favora-blement accueillies, je conseillai à mes cointéressés, l'adoption d'un récepteur hydraulique qui put s'adapter aux dispositions de ces orifices de prise d'eau et en utiliser la dépense sans plus de perte d'effet utile que n'en donnaient les meilleurs alors connus.

Ce récepteur dont j'avais constaté les bons résultats par

de nombreuses expériences, et qu'une longue pratique a confirmé jusqu'à ce jour, est établi de manière à présenter les avantages de la roue *de côté* (Breast Wheel), où l'eau agit par son poids, et ceux d'une roue qui, au moyen de dispositions particulières, utiliserait au profit de l'effet dynamique le choc de la lame d'eau sur les aubes, permettant d'employer de fortes lames d'eau, d'obtenir, par conséquent, une vitesse de rotation plus grande du récepteur, en s'arrêtant, toutefois, d'une certaine quantité en deçà du point où l'extrémité de l'aube dépasserait ou même ne ferait que trop se rapprocher de la vitesse de l'eau dans le coursier.

La hauteur de chute, par suite de la limitation de la dépense des orifices de prise d'eau, devant d'après les conventions à intervenir rester à peu près invariable, il en résultait cette faculté importante, de pouvoir adopter une base fixe pour servir de règle à la détermination du rayon dynamique du récepteur. Ce rayon, en ce qui concerne le système de roue verticale dont je parle, avait pour mesure la hauteur de la chute augmentée de deux fois l'épaisseur de la lame d'eau ; d'où la conséquence que le diamètre de la roue était proportionnel à l'épaisseur de la tranche d'eau admise dans la roue ; c'est-à-dire : qu'avec une chute minimum de 1 mètre, une lame d'eau de 50 centimètres d'épaisseur, le rayon de la roue était égal à 2 mètres, et son diamètre à 4 mètres.

Si, au contraire, usant de la faculté qui était laissée à chaque usinier d'augmenter la largeur de sa roue et de son orifice de prise d'eau en élevant son seuil, et en diminuant, par conséquent, l'épaisseur de la lame d'eau motrice proportionnellement à cet élargissement, on adoptait une lame d'eau de 25 centimètres, on avait pour le rayon de la roue :

$$R = 1^m00 + 0^m25 \times 2 = 1^m50.$$

et pour le diamètre ou le double du rayon, on avait 3 mètres.

Dans le premier cas, pour dépenser 1 mètre cube ou 1,000 litres d'eau par seconde, la roue de 4 mètres de diamètre devait avoir 1^m60 de largeur ; et dans le second cas, celui d'une roue de 3 mètres de diamètre, la largeur de cette roue, pour une même dépense, pouvait être portée à 4m48.

La vitesse moyenne de l'eau par seconde, due à une lame de 50 centimètres de hauteur étant de 3 mètres, et celle due à une lame de 25 centimètres étant de 2m24 ; il s'en suit que, en admettant que la vitesse de ces roues à la circonférence fut égale aux 60 centièmes de la vitesse de l'eau, ce qui a été réalisé plus tard en pratique, on obtenait neuf tours par minute avec la roue de 4 mètres de diamètre et huit tours avec la roue de 3 mètres.

Dans les deux cas l'effet utile, mesuré au frein, était à peu près égal pour les deux roues ; il se tenait entre 70 et 72 p. cent.

Pour réaliser ce rendement, la roue devait être emboîtée dans un coursier circulaire dont la limite inférieure était la verticale, passant par le centre de la roue, et la limite supérieure le point de rencontre de la courbe circulaire de ce coursier avec une courbe parabolique, décrite par le filet moyen de la veine fluide, et calculée pour une hauteur égale à l'épaisseur de la lame d'eau passant sur le seuil et variant par conséquent de forme depuis une épaisseur maximum de lame d'eau de 50 centimètres, jusqu'à celle minimum facultative que chaque usinier croirait devoir adopter (1).

Il est à remarquer que, dans ce système de roue, le glissement de la veine sur l'aube a des effets fâcheux, et qu'il cause une perte sensible de puissance dynamique, que le fluide va dépenser inutilement, en un choc sur la contre-aube, et sur le fond du coursier, suivis de remous et d'actions tout à fait contraires à une marche régulière du récepteur dont la force motrice se trouve ainsi amoindrie.

L'expérience m'a démontré contrairement au principe, que le glissement sur une aube droite, en faisant éviter le choc, n'est

(1) Ce calcul est basé sur cette donnée indiquée par d'Aubuisson (*Traité d'hydraulique*), que la vitesse d'un filet fluide sortant d'un réservoir en un point quelconque est égale à l'ordonnée d'une parabole, dont deux fois l'action de la gravité est le paramètre, l'abaissement de ce point au-dessous du niveau du réservoir étant l'abscisse.

nullement favorable à l'économie du travail dynamique. Il ne suffit pas, en effet, pour satisfaire au principe des *forces vives* que le fluide entre sans choc, il faut encore, qu'il sorte sans vitesse. Or, comme on ne peut pas dans les roues de côté satisfaire à ces deux conséquences du principe des forces vives, le choc qui ne s'est pas fait sur l'aube s'effectue forcément sur la contre-aube, après quoi le fluide consomme le surplus de sa force vive en tourbillonnements inutiles et en un nouveau choc rétrograde sur les parois du coursier. Il est donc bien préférable d'utiliser par le choc une partie de cette force vive que de la perdre en entier, en ayant soin, toute fois, d'éviter de donner à l'angle d'inclinaison de l'aube sur l'horizon une ouverture trop considérable afin de ne pas diminuer la dépense de l'orifice. Cet inconvénient qui, postérieurement à l'adoption de notre récepteur a été signalé par M. Viollet en 1842 dans son excellent travail sur les roues de côté, est aussi bien évité que les chocs en retour, en plaçant le seuil de l'orifice du déversoir à une distance de la roue que son tracé seul peut permettre de déterminer de la manière la plus avantageuse relativement à l'épaisseur de la lame d'eau.

Quand un récepteur est établi d'après ces principes, avec un nombre d'aubes convenable et suffisamment profondes pour contenir au moins tout et mieux, au-delà du volume d'eau dépensé; qu'il est emboîté dans un coursier partie circulaire et partie parabolique en maçonnerie revêtue de ciment; que la solidité et le bon ajustage des paliers et des coussinets qui supportent les tourillons, permettent de réduire à cinq millimètres le jeu de la roue entre l'extrémité de ses aubes, et le fond et les parois du coursier; que la vanne est suffisamment éloignée du point où la lame d'eau rencontre la roue sans l'être trop; que la résistance des organes que le moteur est appelé à faire mouvoir ne dépasse pas exagérément sa puissance, et qu'enfin la vitesse des transmissions de mouvement a été calculée de manière à mettre en harmonie la vitesse des machines à mouvoir et celle du récepteur, condition capitale et trop souvent négligée, on peut être assuré d'obtenir de ce genre de moteur un effet utile au moins égal à celui des meilleures turbines.

Pour moi qui, depuis 1838, emploie ce genre de roue dans mon usine, et qui suis parvenu à le faire adopter par la plupart des usiniers de ce cours d'eau, j'ai la conviction que dans les conditions de chute et de volume d'eau qui sont particulières aux trois barrages du Canalet et aux usines qu'ils desservent, l'effet utile des turbines, en supposant que nous eussions adopté ces récepteurs à l'époque ou intervint la transaction qui mit fin aux contestations des usiniers entre, eux n'eut pas été supérieur à celui que nous réalisâmes immédiatement par l'emploi de notre roue de côté.

Toute fois, je le reconnais, le nombre de tours par minute d'une turbine eut été le double de celui de notre roue. C'était là un grand avantage, je l'avoue relativement à l'économie des transmissions de mouvement; mais cet avantage se trouve dans bien des cas amoindri par d'autres inconvénients tenant à des circonstances locales, au nombre desquelles comptent la difficulté des réparations, les chômages qui en sont la conséquence, et principalement la nécessité dans laquelle on se trouve d'établir dans le Canal d'amenée, des grilles à barreaux très-rapprochés, qui, si l'on ne peut les établir sur une grande largeur, font perdre une partie de la chute, perte qui peut ne pas être considérée quant il s'agit de fortes chutes et d'un faible volume d'eau, mais qui, relativement à une faible chute, avec un fort volume d'eau à dépenser, affectent la puissance motrice dans une proportion parfois énorme.

Cette perte est bien plus grande encore sur les cours d'eau à faible chute qui, comme le Canalet charrient constamment des débris de tout genre lesquels s'appliquent aux grilles que l'on fait exprès très-serrées, en vue d'éviter le transport sur le distributeur, de corps durs qui produiraient des accidents et des chômages bien autrement graves. Sur le Canalet, les détritus flottants ou roulés sous l'eau qui arrivent d'amont, sont tellement considérables que même avec des grilles à barreaux écartés, il faut du matin au soir se livrer constamment à leur nettoyage.

Une autre considération non moins importante nous avait fait comprendre l'avantage qu'il y avait à renoncer, du moins pour le moment, à l'adoption des turbines. Il s'agissait, en effet, d'éviter toute espèce de contestation au sujet du volume d'eau dépensé par chacun des co-usagers du biez commun, et pour cela, il fallait préciser d'une manière claire, la dimension et la forme des orifices de prise d'eau. C'est ce que nous avions fait en adoptant l'orifice en déversoir. Or, les turbines prenant l'eau à la partie la plus basse de la chute, il pouvait arriver comme cela s'est vu plus d'une fois, qu'un constructeur, par erreur ou autrement, fût entraîné à déterminer la dimension des orifices de son distributeur, de manière à dépenser un volume d'eau supérieur à celui qui avait été attribué à l'usinier, auquel le récepteur était destiné; il en fût résulté la destruction de toute l'économie de nos conventions, car chacun agissant de même, nous aurions dépensé plus d'eau qu'il n'en pouvait arriver, la chute eut été diminuée en proportion, et nous serions retombés dans l'état de gêne et de désordre que nous avions eu en vue de faire cesser. Sans doute, préalablement à l'établissement d'une turbine, les intéressés eussent été appelés à discuter les dispositions techniques du récepteur, telles que les dimensions des orifices du distributeur, la valeur du coefficient de contraction de la veine fluide pour chaque orifice, etc., toutes choses peu familières à beaucoup de propriétaires d'usines, et sujettes elles-mêmes à discussion, parmi les hommes spéciaux, car nous ne sachions pas que jamais on ait jaugé pratiquement l'eau débitée par un distributeur sous des charges variables, afin d'en déduire, comme l'ont fait MM. Poncelet et Lesbros, à Metz, pour les déversoirs, la valeur exacte des coefficients applicables au débit de ces sortes d'orifices.

Il y avait enfin pour nous un dernier motif pour la mise à l'écart des turbines, c'est que l'établissement d'un récepteur de ce genre par un seul des cointéressés, eût obligé tous les autres à supprimer leurs roues verticales, qui avec un simple relèvement du seuil pour former le déversoir convenu et la substitution d'un coursier circulaire au coursier rectiligne pouvaient être conservées, et réaliser une amélioration considérable dans leur rendement, ainsi que cela fut constaté, immédiatemen après que ces modifications eurent été exécutées. Le résultat fut tel, que dès ce moment les forces motrices furent plus que doublées et que chacun put en paix donner un fructueux et libre cours à ses entreprises dans la mesure du mieux relatif que les difficultés avec le Basacle empêchaient encore d'être complet.

Pour achever l'œuvre de pacification sur notre biez commun, et en assurer la jouissance à nos successeurs, nous rédigeâmes un traité où les droits de chacun sont clairement définis, et dans lequel nous avons adopté pour l'appliquer à la dépense de tous nos orifices en déversoir, le coefficient de 0,42 déduit de la formule

$$D = 1,86 \, l \, \text{H} \, \sqrt{\text{H}}.$$

qui nous a paru être applicable à la dépense de nos déversoirs à fortes lames d'eau, et qui dans son application en pratique ne nous a causé aucune espèce de mécompte.

Les calculs à faire pour arriver en cas de modification aux orifices, à ne dépenser jamais que le volume d'eau qui est attribué à chacun de nous, et qui est très-exactement indiqué dans le traité, sont des plus simples ; et quels que soient ceux qui peuvent exister, les nôtres seuls doivent être employés, si, par impossible, quelque contestation pouvait s'élever au sujet de ce volume d'eau.

VI.

Mais faire régner la bonne harmonie entre les usiniers d'amont ne suffisait pas pour écarter toute cause de trouble ou de discorde sur le Canalet, l'expérience nous l'avait malheureusement fait reconnaître.

Ce fut, cette fois, par un suprême sacrifice que nous achetâmes le repos du côté des usines d'aval. Ces usines créées en 1822 et en 1828 sur deux remous du Canalet qui ne leur procuraient que des chutes de 40 à 45 centimètres, élevaient sans cesse le niveau de manière à engorger nos roues, afin de se procurer plus de force. De là des contestations perpétuelles, et des voies de fait d'autant plus graves qu'elles se compliquaient d'animosités déplorables et de pertes sérieuses.

Pour en finir à jamais avec ces éléments persistants de discorde, les usiniers d'amont firent abandon le 20 décembre 1837, en faveur de ceux d'aval d'une partie notable de leur chute, laquelle permettait à ceux-ci de fonctionner utilement ; ce qu'ils n'avaient pu faire jusques-là.

Cette concession consignée dans des accords dont la rédaction nous fût confiée, fit cesser toute cause de mésintelligence, et mit fin aux voies de fait regrettables qui se produisaient.

En vertu de ces accords, de nouveaux repères réglant définitivement les niveaux, furent placés en présence des parties intéressées ; un homme payé par tous les usiniers, soit d'amont, soit d'aval, fut commis à la manœuvre des vannes des barrages, afin de maintenir constamment les eaux au niveau de ces repères. Les curages et les appropriations du Canalet doivent, d'après ces mêmes conventions être effectuées à frais communs.

Enfin, les indications relatives aux droits respectifs de propriété, aux obligations des cointéressés les uns envers les autres sont précisées dans cet acte avec un soin tout particulier, et ces précisions sont telles, que de part ou d'autre, ce ne pourrait être que volontairement qu'il serait dérogé aux conventions qu'il renferme ; et dans ce cas une simple constatation du fait suffirait pour donner ouverture à une demande en de justes dommages, ainsi que cela se trouve formellement stipulé dans ce même acte.

Il est facile de comprendre l'importance de cette obligation que se sont imposées les contractants, d'observer avec la plus scrupuleuse attention les conditions qu'ils ont reconnu être nécessaires au maintien constant du régime des eaux qui font mouvoir leurs usines, quand j'aurai dit, que les établissements qui se sont formés sous l'empire des règlements qui font aujourd'hui la loi des parties, ont des frais généraux et de main-d'œuvre relativement très-considérables, puisque année moyenne, et considérés dans leur ensemble, ils peuvent être évalués à un franc pour une unité de temps de travail de la durée d'une seconde, que ce temps soit utilisé ou non.

VII.

La bonne harmonie que l'emploi de ces moyens a fait constamment régner parmi les usiniers du Canalet, a prouvé leur
efficacité ; je ne saurais donc assez les recommander aux industriels dont les établissements se trouvent placés dans des
conditions identiques, et se trouveraient aux prises avec les
mêmes difficultés.

Mais l'accord restait encore à se faire ainsi que je l'ai dit plus
haut, entre les usiniers d'aval et le Basacle, resté complétement
étranger aux conventions du 20 décembre 1837.

Ce défaut d'entente, faisant obstacle à la réalisation d'améliorations importantes que réclamait le Canalet, telles que, curage,
élargissement du lit, redressement des berges et l'établissement
d'un régime fixe par l'introduction dans sa partie supérieure,
et d'une manière continue d'un volume d'eau suffisant pour
l'alimentation des usines inférieures, il en résultait un état de
souffrance générale, peu propre à favoriser le développement
du travail industriel dans cette partie de la cité.

Nos efforts exclusivement dirigés de ce côté, ont enfin été
couronnés de succès. L'administration du Basacle, composée
aujourd'hui, je le répète, d'hommes éclairés, amis de la paix
et du progrès, a compris les avantages qui devaient résulter
pour le bien général, d'une conciliation qui fut de nature à
trancher dans un intérêt commun les difficultés soulevées, et
celles qui pourraient se soulever plus tard, et qui déterminât
exactement les droits et les obligations des parties.

Ce but si désirable a été atteint par les conventions du 19 juillet 1869. Ces conventions tout en mettant fin à l'état précaire
dans lequel se trouvaient les usines du Canalet, ont permis au
Basacle d'accroître sa force motrice déjà très-considérable de
celle de 210 chevaux-vapeur, force qui par l'emploi de dispositions convenables pourra être portée à plus de 400 chevaux
lorsque toutes les eaux puisées dans le bassin supérieur de la
Garonne seront versées dans le Canalet, après avoir produit une

force au moins égale en passant du biez supérieur dans le biez inférieur, de telle sorte qu'un jour, la puissance dynamique de toutes les usines du Basacle, ne sera pas moindre de 4,200 chevaux-vapeur.

Le tableau placé à la suite de ce Mémoire démontre, en effet, que malgré le sinistre regrettable qui l'a frappé en décembre 1870, et qui paralyse momentanément près de la moitié de ses prises d'eau dans la Garonne, cet établissement fournit actuellement et largement aux nombreuses usines dont il a favorisé la création, une force effective de 700 chevaux-vapeur. Il faudrait, par jour, plus de 20,000 kilogrammes de houille pour produire une semblable force avec la vapeur, et près du double si l'on travaillait jour et nuit ainsi que cela a lieu dans plusieurs ateliers.

Il est bien peu d'usines en France et même ailleurs aussi richement dotées en puissance dynamique empruntée à l'eau, que l'est le Basacle, et j'ajouterai, dans lesquels, les perfectionnements apportés aux récepteurs hydrauliques aient été plus complets : on peut dire avec certitude que, par l'emploi d'excellentes turbines, et en ne dépensant pas un volume d'eau supérieur à celui qui était dépensé par le Basacle, à l'époque où MM. Tardy et Piobert, officiers d'artillerie, attachés à l'Arsenal de Toulouse, faisaient leurs intéressantes expériences sur les meules à blé de ce moulin, sa force motrice a été quadruplée.

On peut, au reste, se convaincre du fondement de cette assertion, en rapprochant les chiffres de mon tableau relatifs au volume d'eau dépensé, à la chute et à la force obtenue ; de ce rapprochement, il résulte que pour les trois quarts des trente-une turbines que possède en ce moment le Basacle, le rapport du travail disponible au travail absolu est de 0,70 à 0,75, ce rapport était de 0,14 à 0,15 seulement à l'époque dont je viens de parler. Et si j'ajoute que de récentes expériences au frein, faites dans ce moulin sur une turbine d'essai construite par MM. Cardailhac, et quinze fois répétées ont présenté, en moyenne entre le travail disponible et le travail absolu, un rapport de 0,86,8, on comprendra à quel haut degré de perfectionnement ont été portés les récepteurs, connus sous le nom de turbines,

l'influence qu'ils exercent sur l'économie des forces hydrauliques
et sur les moyens de production de l'industrie.

Ces résultats sont bien faits pour éveiller l'attention des propriétaires d'usines, encore attardés dans la voie du progrès sous
ce rapport, et à les décider à mettre de côté au plutôt leurs récepteurs défectueux causes de pertes qui, pour rester inaperçues
n'en sont pas moins réelles et sérieuses.

Pour le Basacle, ces résultats ont eu cette conséquence de
porter bien au-delà du double, la valeur de ce magnifique
établissement et de ses dépendances, valeur qui ne peut que
s'accroître dans l'avenir, en présence de l'emploi des forces hydrauliques rendus de plus en plus nécessaires par suite du ren-
chérissement toujours croissant de la main-d'œuvre, et du prix
élevé de la houille, dont l'extraction a éprouvé dans ces derniers temps des perturbations telles, qu'elles ne sont pas sans
laisser concevoir des craintes sur l'avenir réservé à ce précieux
combustible générateur indispensable, et en quelque sorte ex-
clusif des forces empruntées à la vapeur.

Les usiniers du Canalet, de leur côté, à la faveur des conventions amiables dont j'ai parlé, et en perfectionnant leurs récepteurs hydrauliques, ont pu réaliser une puissance dynamique,
qui de 40 à 50 chevaux qu'elle était à peine autrefois, avec
leurs roues vicieuses, s'est élevée jusqu'à 130 chevaux-vapeur
disponibles sur les arbres de leurs roues actuelles, ainsi qu'on
peut le voir sur le tableau que j'ai dressé et que je joins à ce
Mémoire, en vue de laisser à ceux qui viendront après nous,
un document qui, indépendamment de l'intérêt qu'il peut présenter au point de vue de la statistique des forces motrices
empruntées à la Garonne à Toulouse, pourra un jour avoir
quelque utilité, si surtout, comme je l'espère, il m'est permis
de compléter ce travail par l'étude des usines du bassin de notre
fleuve, supérieur à celui dans lequel s'alimente le Basacle et les
autres établissements dont j'ai parlé.

VIII.

En résumé , considérés dans leur ensemble au point de vue de la prospérité générale et de l'accroissement de la richesse publique, ces résultats sont dignes d'attention. Leur influence sur la production industrielle est , en effet , saisissante. Sous cette influence, les branches du travail manufacturier , dans cette partie de la cité qui nous occupe , se sont multipliées ou développées dans des proportions inconnues jusqu'ici, et l'augmentation du nombre des ouvriers toujours corrélatif, dans une certaine proportion, avec l'augmentation de la force motrice , en a été la conséquence nécessaire.

Il me serait facile en rapprochant les époques d'exprimer en chiffre, l'importance des avantages commerciaux industriels et économiques qui ont été obtenus , au moyen des améliorations que je signale , mais cet examen ne saurait entrer dans le cadre restreint de ce Mémoire.

En second lieu, et à un point de vue non moins digne d'intérêt, ces mêmes résultats démontrent ce que peuvent , l'esprit de concorde , la patience, la persévérance et l'amour du progrès dans les questions ardues et complexes que soulève généralement la jouissance partagée des cours d'eau , quand surtout l'on ajoute à la force de ces moyens , celle non moins puissante que donne une opportune application des principes de la science à la solution de ces mêmes questions.

Forces motrices empruntées à la Garonne par les Usines situées sur la rive droite en aval du Pont-Neuf à Toulouse en 1872 (octobre.)

NOMS DES EXPLOITANTS.	TITRE auquel l'usine est exploitée.	NOM du propriétaire de l'usine.	NATURE de l'industrie exploitée.	GENRE de récepteur employé.	Nombre de récepteurs.	VOLUME d'eau dépensé en litres par second.	Hauteur moy. de la chute.	FORCE en chev.-vap. de 75 kil.	PARTIE de la Garonne où l'eau est prise.	PARTIE de la Garonne où l'eau est versée.
PELEGRY	Locataire.	Le Basacle	Laminoir à fer	Turbine	1	2.000	2m20	40 ch.	Grand lit	Canalet.
YARZ	id.	id.	Quincaillerie	id.	1	1.500	2.20	20	id.	id.
QUERRE	id.	id.	Scierie de bois	id.	même.	»	2.20	10	id.	id.
SEMPÉ	id.	id.	Papeterie	id.	2	4.500	3.80	55	id.	Grand lit.
JOUAN et CAMPIONET	id.	id.	Tréfilerie et clouterie	id.	2	4.500	3.80	55	id.	id.
id.	id.	id.	Laminoirs à fer	id.	1	6.000	2.16	120	Canalet..	id.
ARNAL	id.	id.	Fabrique de chapeaux	id.	1	300	3.80	10	Grand lit	id.
CAPOCLAT et Cie	id.	id.	Fe de ressorts de voiture	id.	1	500	3.80	15	id.	id.
CHIFFRE	id.	id.	Déflochage	id.	1	500	3.80	15	id.	id.
BROUZÈS	id.	id.	Minoterie et 6 meules	id.	3	3.000	2.20	60	id.	Canalet.
GBESE et LATAPIE	id.	id.	Minoterie et 8 meules	id.	3	3.600	2.20	75	id.	id.
BAQUÉ et BOUILHÈRES	id.	id.	Minoterie et 4 meules	id.	2	600	3.80	20	id.	Grand lit.
id.	id.	id.	Minoterie et 5 meules	id.	3	2.000	2.20	40	id.	Canalet.
FORT	id.	id.	Filature de coton	id.	1	4.000	2.20	25	id.	id.
MANUEL	id.	id.	id.	id.	2	4.000	2.20	90	Canalet..	Grand lit.
BASACLE	Propriétaire.	id.	Meunerie, 7 meules	id.	7	3.000	2.20	40	Grand lit	Canalet.
MANUFACTre DES TABACS	id.	L'Etat.	Tabac	Roue de côté..	1	2.671	2.20	29	id.	id.
id.	id.	id.	id.	Roue Poncelet.	1	829	3.50	17	id.	Grd lit et Canalet
						34.500		736		

USINES SITUÉES SUR LA RIVE DROITE DU CANALET EN AVAL DU BASACLE.

Première chute.

NOMS	TITRE	NOM	NATURE	GENRE	Nombre	VOLUME	Hauteur	FORCE	PARTIE prise	PARTIE versée
FORT₂	Propriétaire.	Fort.	Filature de coton	Roue de côté..	1	1.358	1.00	13	Canalet..	Canalet.
DURUSSEL	id.	Durussel.	Scierie de bois	id.	1	680	1.00	6	id.	id.
MANUEL	id.	Manuel.	Filature de coton	id.	1	1.500	1.00	14	id.	id.
DE PLANET	id.	de Planet.	Machines agricoles	id.	1	1.081	1.00	10	id.	id.
LAPORTE	Locataire.	id.	Produits au gluten, amidon	id.	même.	»	»	»	»	»
CARDAILHAC	id.	id.	Construction de machines	id.	1	1.350	1.00	13	id.	id.

Deuxième chute.

NOMS	TITRE	NOM	NATURE	GENRE	Nombre	VOLUME	Hauteur	FORCE	PARTIE prise	PARTIE versée
MARCON	Propriétaire.	Marcon.	Vermicellerie	Roue de côté..	1	5.969	0.80	38	id.	id.
CHABOD	Locataire.	id.	Tréfilerie	id.	1					
Ve COURNEBOIS	id.	id.	Ressorts de voiture	Turbine	1					

Troisième chute.

NOMS	TITRE	NOM	NATURE	GENRE	Nombre	VOLUME	Hauteur	FORCE	PARTIE prise	PARTIE versée
MAILHOL	Propriétaire.	Mailhol.	Cartonrie et scierie de bois	Roues de côté.	5	5.969	0.75	36	id.	Grand lit.
								130		

Extraits des feuillets détachés d'un registre tenu par les religieux Cordeliers du couvent de Toulouse.

(Copie textuelle.)

DES RAVAGES QUE LA PESTE FIT DANS NOTRE GRAND COUVENT DE TOULOUSE EN 1628.

Le onze du mois de juillet 1628 commença la peste dans Toulouse, qu'un homme porta venant de Catalogne. Un novice de ce couvent en fut attaqué le premier. Lequel étant mort, on le fit désenvelir par l'ordre de Messieurs les Capitouls pour le faire visiter ; et comme on reconnut qu'il était mort de la peste, on l'ensevelit dans le courroir qui va du portail des provisions à la porte du cloître. Un autre novice qui le suivit de près fut enseveli au jardin près de l'infirmerie.

Le Révérend père Amable Ruffus, qui avait porté de Rome la réforme qui s'observe dans cette maison, et le frère Jean Chamion furent ensevelis au même jardin.

Le 10 du mois d'août de la même année, on conduisit au pré du Bazacle plusieurs de nos religieux avec deux de nos domestiques dont la plupart y moururent et y furent ensevelis. Frère Pascal, habile brodeur, qui avait fait l'ancien dais et plusieurs autres beaux ornements, aussi bien que le frère Grégoire Bournazel, qui avait fait construire les lieux de l'infirmerie furent de ce nombre.

Le 21 du mois d'octobre, mourut à Saint Jean Lerm, le venerable père Jaques Lamaison, attaqué de la peste, et il fut enseveli près du portail du chateau.

Le 31 du même mois, mourut le frère Louis Noël, frère laïe, qui s'était exposé à servir le susdit père et il fut enterré auprès de luy.

Mourut de la peste le venerable pere André et il fut enseveli dans le petit jardin de l'infirmerie.

Le 15 du mois de novembre mourut de la peste le vénerable pere Majorel, lecteur de philosophie, et il fut enseveli dans le grand jardin, le même jour mourut le venerable pere Jaques Morlé qui avait confessé et administré les sacrements aux pestiférés, et il fut enseveli dans l'ancien jardin de lapotiquairerie qui ne subsiste plus. Enfin il mourut une grande partie des religieux de cette communauté et au mois de decembre la peste qui avait fait des grands ravages dans Toulouse se ralluma de rechef dans la ville et par malheur, elle revint dans notre couvent par le moyen d'un religieux prêtre, frere Barriere, lequel revenant de Montgiscard tout malade sans que luy ny personne eut soubson d'un si grand mal, fut envoyé à l'infirmerie pour y être servi et assisté comme le reste des malades ; mais peu de temps après son mal empira si fort, qu'il mourut le quatrieme jour de decembre ayant receu tous les sacrements de l'église.

Les chirurgiens de la santé qui visiterent son corps après son trepas, jugerent qu'il était mort de la peste, on l'ensevelit dans le jardin de l'infirmerie avec les autres religieux pestiférés qui étaient morts auparavant, et y avaient été ensevelis l'année precedente.

Sur l'heure même Messieurs les Capitouls ayant été avertis ordonnerent que notre couvent fut fermé excepté la nef de l'église ou tout le monde pouvait entrer et sortir pendant que nos religieux disaient ou chantaient l'office et que les messes s'y celebraient, mais personne n'entrait dans les chapelles ny dans le cœur, ce fut pour lors qu'on fit des ouvertures pour communiquer d'une chapelle à une autre.

Cependant la contagion augmanta et quoyque les medecins recommandassent de prendre quelque chose le matin, nos religieux étaient contreints de differer leur refection jusqu'après midy que les messes étaient dittes et le service de l'église fait, car on creut alors que les maladies étaient plus communes, et en effet un jeune religieux nommé frere Mathias Dulugat se trouva mal et frappé de peste a la cuisse. Alors l'église fut entierement fermée avec le couvent et toute la communauté commença de rechef a faire la quarantaine ainsi que de contume, ce fut le 23 du mois de decembre avant veille de la Noël.

Alors outre que dans le cartier de l'infirmerie il y avait cinq ou six religieux exposéz volontairement a servir les malades pestiférés, et que dans le cartier de buisson il y en avait autant pour le service temporel de tout le couvent, lesquels pour cette fois sortoient ou entroient pour aller en ville par une porte expressement faite vis a vis le college de lesquile, la communauté fut partagée en deux bandes, qui pendant la quarantaine demeurerent separées en tout et partout de peur que toute la famille ne courut le meme risque ou fut envelopée dans le meme peril, de sorte que la premiere bande avait son cartier assigné a scavoir, le grand et le petit dortoir, le refectoir, le grand jardin, et l'église pour faire le service divin, avec tous les lieux aboutissans et nécessaires pour aller et revenir des dits lieux assignéz.

La seconde bande avait pour sa demeure le dortoir du noviliat joignant l'église, la chapelle du novitiat pour faire leur refection, le bas dortoir des peres confesseurs, avec le petit qui y est joint, au bout du quel on décendait par un degré fait à la main dans le courroir qui mene au grand portail des provisions, et dela on entrait par une ouverture expressement faite à la paroy dans le jardin des arbres joignant le collége de Narbonne, afin d'y prendre la recreation, de plus tout le grand cloitre leur etait egalement assigné et il n'y avait qu'eux qui pouvoient y entrer, et dans lequel les religieux de cette exemption décendoient par le degré de la petite Bibliothèque, toutes les autres portes et avenues du dit cloitre étaient fermées et condamnées.

De plus, le grand et le petit chapitre leur avait été assignés pour y celebrer les saintes messes, et pour cet effet on y avait dressé trois ou quatre autels, par ce moyen, la premiere exemption qui avait la grande église chantoit toutes les messes hautes et conventuelles, et en compensation la seconde exemption étoit tenue de chanter tous les jours vepres, ce qu'elle faisoit dans la tribune du fonds du cœur, aussi bien que le reste des heures canoniales excepté l'heure de complies, a laquelle tous assistoient inviolablement, aussi bien qu'a l'oraison mentale du matin et du soir, mais toutefois les uns au cœur et les autres a la tribune.

D'ailleurs chacune de ces exemptions avoit ses officiers et officines a part, comme les dépensiers cuisiniers, sacristains, portiers, jusqu'a ce point, que si la nécessité requeroit que les religieux parlassent aux seculiers qui les venoient visiter, ceux de la premiere exemption alloient a la principale et maîtresse porte du couvent, et ceux de la seconde alloient a la porte des provisions qui étoient dans leur cartier.

Outre cela il se gardait un tel ordre qu'en tous les lieux ou chacune de ces exemptions se trouvoit en corps comme au cœur au refectoir les Religieux ne s'aprochoient jamais plus prés de trois ou quatre pas l'un de l'autre, distance qu'on gardoit egalement a la pratique des confessions, et pour la celebration des messes chaque religieux prêtre avoit son ayde, son clerc, ses ornemens en particulier.

Ainsi cet ordre avec le secours du ciel réussit si heureusement, que des deux mois que le couvent demeura fermé il n'y eut aucune suite du mal contagieux ny aucun religieux de malade dans la communauté composée de ces deux exemptions.

Cependant, dans le cartier de l'infirmerie, un bon frere lay nommé Jean Duverdier, qui s'était offert et volontairement exposé pour le service du susdit frere Mathias Dulugat, tomba malade comme celuy cy commenceoit à se porter mieux, mourut 5 jours après ayant receu tous les sacremens ; il fut enseveli dans le jardin de l'infirmerie le 12 janvier de l'année suivante.

Ce religieux étoit fort dévot, amateur de son état, et d'une obeissance heroique.

Le quinsieme de fevrier 1630 la quarantaine étant achevée, le couvent fut ouvert, et l'église pareillement ce fut par ordre de messieurs les Capitouls, qui pendant cette contagion avoient assisté les religieux d'un cestier de pain chaque jour et de plusieurs autres aumônes.

En ce meme jour les religieux rendirent publiquement actions de graces a Dieu qui les avoit delivréz d'un si grand fleau, a ces fins on chanta une messe solennelle dans le cœur a la fin de laquelle on fit la procession autour du cloître en chantant le *Te Deum laudamus*.

Cependant les religieux logés dans le cartier de l'infirmerie acheverent heureusement leur quarantaine, et il leur fut permis de sortir dehors vers le commencement du mois de may, en ce meme temps le mal contagieux était fort apaisé dans Toulouse et la santé affermie partout, ce pour quoy le Reverend pere provincial en etant averti trouva bon d'envoyer tous les jeunes religieux qui étoient par toute la province destinez pour l'etude de la philosophie et de la théologie et le venerable pere Jean Jourdain qui avoit été nommé lecteur de philosophie au chapitre precedent commencea le cours le jeudy dans l'octave de la Pentecote qui étoit le 23 du mois de may 1630.

La santé regna tout cet été ; mais sur la fin, le mal contagieux s'etant ralumé dans la ville, il revint dans le couvent par le moyen d'un jeune religieux, pretre et ecolier de philosophie nommé frere Cassien Baujes, qui étant tombé malade de fievre se trouva frappé de peste et attaqué d'une tumeur à la cuisse, dont il mourut quatre jours après, ayant toutefois receu les derniers sacrements de l'Eglise; il fut enseveli dans le jardin de l'infirmerie le 8 de septembre 1630, auquel jour, par l'ordonnance de messieurs les capitouls, les portes de l'église et du couvent furent fermées, ainsi que les années précédentes.

Le venerable pere vicaire, se trouvent seul superieur, ordonna que e meme ordre qu'il avoit établi l'année precedente serait gardé dans cette deplorable occasion.

C'et pour cela que les religieux furent séparés en deux bandes, dont chacune avoit son cartier et sa demeure séparée en toutes les parties et circonstances necessaires a la vie, et parce que du commencement, la maladie du susdit religieux decedé ne parut pas contagieuse, il fut mis dans l'infirmerie pour y etre traité comme les autres malades, dans laquelle pour lors étaient detenus par infirmité deux ou trois freres anciens et d'autres RR. qui se trouverent inopinément surpris de peste, alors il leur fut ordonné d'y faire leur quarantaine, le logement étant fort grand et asséz commode pour cet effet.

Au bout de sept ou huit jours, frere Agapit, religieux, frere Lay,

9 782329 672151